청소년들의 진로와 직업 탐색을 위한
잡프러포즈 시리즈 29

세상을 연결하는 창
안과의사⁺

…Ophthalmology…

청소년들의 진로와 직업 탐색을 위한 **잡프러포즈 시리즈 29**

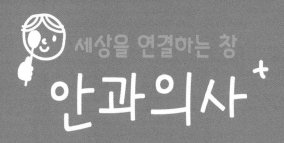

세상을 연결하는 창
안과의사

조수근 지음

이 모든 과제는 취임 후 100일 안에
이뤄지지는 않을 것입니다.
1,000일 안에도 이뤄지지 않을 것이며,
현 정부의 임기 중에도 끝나지 않을 것이며,
어쩌면 우리가 지구상에 살아있는 동안
이루지 못할 수도 있습니다.
하지만 시작합시다.

— 존 F. 케네디, John F. Kennedy —

젊은이를 타락으로 이끄는 확실한 방법은

다르게 생각하는 사람 대신

같은 사고방식을 가진 이를

존경하도록 지시하는 것이다.

- 프레드리히 니체, Friedrich Nietzsche -

C · O · N · T · E · N · T · S

C·O·N·T·E·N·T·S

안과의사 조수근의
프러포즈

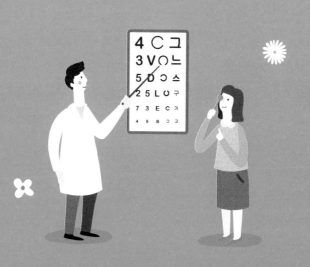

Propose!

60대 초반의 김수연(가명) 씨는 언제부터인가 홀로 외출을 하기 어렵게 되었어요. 밖에서 일하는 남편에게 전화를 하려면 누군가 스마트폰의 번호를 눌러줘야 했죠. 사랑하는 아들이 보낸 문자 메시지를 읽을 수도 없게 되었고요. 당뇨 합병증으로 인해 눈 속에 출혈이 생겨 실명의 위기를 맞은 것이죠. 김수연 씨는 두려움에 떨었고, 성당을 찾아가 하느님께 간절히 기도했어요. 그리고 인근 종합병원 안과에서 진료를 받았는데, 오래전부터 시력이 떨어진 오른쪽 눈은 회복이 불가능하지만 왼쪽 눈의 경우 수술로 시력을 회복하는 것이 가능하다는 말을 듣게 되었죠. 바로 수술이 결정되었고, 멀리 떨어져 있는 아들까지 내려와 수술받는 어머니의 곁을 지켰어요. 한 시간여의 수술이 모두 끝나고 일주일이 경과했죠. 김수연 씨는 그동안 보이지 않던 텔레비전의 자막을 읽을 수 있게 되었고, 아들이 보낸 문자 메시지도 문제없이 읽을 수 있게 되었어요.

이 일화는 EBS 〈메디컬 다큐 7요일〉에 소개되었던 제 환자의 이야기예요. 사랑하는 사람이 보낸 편지를 읽을 수 없다면 얼마나 마음이 아플까요? 사계절의 아름다운 풍경과 시시각각으로 변하는 빛의 파동을 느낄 수 없다면 얼마나 괴로울까요? 김수연 씨처럼 앞이 잘 보이지 않아 고통받는 모든 분들을 위해 일하는 사람이 있어요. 바로 안과의사죠. 여러분은 이 책을 통해 안과의사가 구체적으로 어떤 일을 하는지, 어떻게 하면 안과의사가 될 수 있는지, 또 되고 난 후에는 어떻게 생활하는지 알게 될 거예요.

제가 서울아산병원에서 근무할 당시, 의과대학 학생들이 2주 정도 안과의사 체험을 해보는 '안과 서브인턴 프로그램'의 책임자로 일한 적이 있었어요. 그때 학생들에게 늘 이런 얘길 해줬죠. "내가 좋아서 하는 일이 경제적으로도 도움이 되고, 나를 거쳐 가는 사람들에게 행복을 가져다주고, 거기다 사회적으로도 인정을 받는다면 얼마나 좋을까요? 그런 분야가 여럿 있겠지만 그중에서도 가장 중요한 직업 중 하나는 우리 사회 모든 구성원들의 건강을 책임지는 의사라고 할 수 있죠." 이 얘기 안에 제가 생각하는 의사의 장점이 모두 들어가 있어요. 그런데 의사만 해도 굉장히 많은 종류가 있죠. 그중 안과의사만이 갖는 매력에는 또 어떤 것이 있을까요?

첫째, 단순 명쾌하다는 점이에요. 물론 일부 유전성 질환이나 만성 질환의 경우 진단과 치료에 많은 수고와 노력 그리고 오랜 시간의 기다림이 필요해요. 하지만 대부분의 질환은 직접 눈 속을 들여다볼 수 있다는 장점 덕분에 진단과 치료에 막힘이 없어 매우 시원시원하죠. 백내장의 경우도 동공을 산동^{약으로 동공을 확대해서 눈 속을 잘 보이게 하는 것}해서 세극등 현미경으로 들여다보면 바로 진단이 가능해요. 이후 혼탁한 수정체를 제거하고 인공수정체를 삽입하면 백내장 수술은 끝나는 것이죠. 질환 때문에 마음까지 무거워진 환자들을 이렇게 명쾌하게 치료할 수 있으니 환자는 물론 수술을 한 의사까지 굉장히 후련하겠죠?

둘째, 저출산 고령화는 이제 피할 수 없는 현실이 되었죠. 이 때문에 생기는 다양한 현상 중 노인성 질환의 증가는 안과에서도 매우 중요한 이슈예요. 인구의 고령화로 인해 이전에 비해 노인성 눈 질환의 비중이 높아졌기 때문이에요. 평균 수명이 길어지면서 황반변성이나 백내장, 녹내장 등과 같이 이전에는 드물었던 질환이 늘어나며 안과의사들의 할 일이 굉장히 많아졌죠. 하루가 다르게 변화하는 세상에서 이 직업이 미래에도 여전히 건재할 것이라는 전망은 아주 중요한 장점이자 매력이라고 생각해요.

셋째, 기술의 발달로 최첨단 진단 장비와 수술 장비를 갖출 수 있게 되어 진단과 치료에 혁명적인 변화가 일어나고 있는 분야가 바로 안과예요. 물론 대부분의 의료 영역이 기술 발전과 더불어 진단과 치료 장비에 변화가 많은 것은 사실이에요. 그렇지만 그중에서도 안과 영역에서의 발전은 더욱 눈부시죠. 이미 2000년대 초반부터 Optical Coherence Tomography^{OCT, 광간섭 단층 촬영기}를 통해 눈 속 망막의 열 가지 층을 세분화하여 볼 수 있으며, 최근 개발된 Angio-OCT를 사용하면 눈 속 혈관 내 혈구들의 움직임을 분석하여 혈관 미세 구조까지 영상으로 볼 수 있어요. 이러한 첨단 의료 기술 덕분에 눈 질환을 효과적으로 치료할 수 있다는 점도 상당히 매력적이죠.

넷째, 수술하는 의사 'Surgeon'의 매력도 느낄 수 있다는 점이에요. Surgeon의 가장 큰 매력은 수술을 통해 환자의 질환을 한 번에 깨끗하게 해결하는 통쾌함인데요. 안과의사들은 백내장뿐만 아니라 망막박리, 유리체 출혈 등 많은 질환을 수술로 깔끔하게 해결하고 환자의 시력을 되찾아 줄 수 있죠.

그 어떤 의사보다도 확고한 고유의 전문성을 가진 안과의사는 이처럼 많은 매력을 가진 직업이에요. 눈에 생기는 여러 질환을 치료하여 세상과 단절될 위기에 처한 사람들을 구하는 일이기도 하고요. 환자들과 세상을 연결하는 창이 되어줄 안과의사의 세계로 여러분을 초대해요.

첫인사

토크쇼 편집자 – 편
안과의사 조수근 – 조

🔳 먼저 자기소개를 부탁드려요.

🔳 안녕하세요? 안과 전문의 조수근이라고 해요. 현재 저는 동해가 바라보이는 강릉에서 안과 의원을 운영하고 있어요.

🔳 이 일을 하신지는 얼마나 되셨나요?

🔳 2005년 서울아산병원에서 안과 레지던트를 하면서 안과 의사로서 일하기 시작했으니 만으로 14년, 햇수로는 15년이 되었네요.

🔳 의사, 그중에서도 안과의사라는 직업을 선택한 이유가 있나요?

🔳 먼저 의사라는 직업을 선택한 이유에서부터 출발해야겠네요. 고등학교 2학년 때까지만 해도 의과대학에 갈 생각은 전혀 없었어요. 한 학년 위였던 친한 선배 형이 서울대 의대에 합격해 학교에서 화제가 되어 부러워한 적은 있었지만요. 저는 당시 유전공학을 전공하고 싶었어요. 유전자의 비밀을 다루고 각종 유전병들의 치료법을 찾는 것이 너무 멋있어 보였거든요. 어릴 때부터 동식물에 관심이 많았고, 생물과 화학 수업을 무척 좋아했고요. 세포 수준의 생화학 반응이라든

가 유전자 복제와 같은 내용들이 너무 흥미로웠죠. 그런데 고등학교 3학년에 올라가기 직전 설에 만난 친척 한 분이 의대를 권유하셨어요. 의과대학에 가면 더 넓은 길이 있다면서요. 의과대학에 간다고 모두 임상의사가 되는 건 아니며, 기초의학을 전공하게 되면 거기서 생화학 연구 등을 할 수 있다고 하셨죠. 나중에 생각해보니 경제적 이유 등 여러 가지 사정을 고려한 조언이었던 것 같아요. 지금 임상의사로서 사는 게 행복하다고 느끼고 있어서 그런 조언을 해주신 것에 늘 감사하고 있어요.

의과대학에 가서도 여러 가지 고민을 많이 했어요. 저보다 훨씬 공부를 잘하는 친구들이 너무 많았고, 저는 그저 평범하거나 오히려 열등한 학생처럼 느껴졌거든요. 중, 고등학교 때는 사춘기가 없었는데 의대 본과에 들어가기 전 예과 시절이 저에겐 질풍노도의 시기였어요. 수업도 많이 빠지고 심지어 시험에도 안 들어갔죠. 내가 잘할 수 있는 게 과연 뭘까, 앞으로 뭘 하면 내가 두드러져 보일까 고민도 많이 했어요. 중, 고등학교에서 공부하느라 못 해본 여러 가지 경험들을 해보려고 많이 노력했고요. 본과 1학년 때에는 해부학이나 생리학, 생화학, 미생물학, 기생충학, 병리학 같은 기초의학을 배워요. 2학년 때에는 심장학, 뇌신경학, 신장학, 소화기학, 내분비학 등 인체의 각 구성요소들에 대해 이론적인 체계를 정립하고요. 고등학교 때 좋아했던 유전공학과 어느 정도 연관성이 많은 생화학 등의 과목이 너무 재미있어서 당시에는 생화학자를 꿈꾸기도 했죠. 그러다가 본과 3학년부터 임상실습을 도는데 환자들을 직접 보니 너무 황홀한 거예요. 책에서만 배우던 것들이 실제로 눈앞에 펼쳐지니까요. 병이 나아서 언제 아팠냐는 듯이 퇴원하는 환자들을 보면 너무나 신기했고요. 그런 이유로 기초의학을 하겠다는 생각은 바로 접었어요.

워낙 다양한 분야에 흥미를 느끼는 성격이라 정신과 실습을 가도 좋았고 일반외과 실습을 가도 좋았어요. 안과 실습역시 좋았고요. 그렇지만 당시에는 안과의 인기가 너무 높아안과를 가야겠다는 엄두를 내지 못했죠. 거의 수석이나 차석을 하는 선배들이 가는 과였으니까요. 인턴을 마치고 그때 가장 큰 흥미를 느꼈던 정신과 레지던트 선발 시험을 봤는데 보기 좋게 떨어졌어요. 저보다 공부를 잘하는 친구들이 많이 지원을 한데다, 당시 의약분업 사태로 인턴과 전공의들도 파업에 동참하고 있었는데 인턴 수련 개선 특위에서 일하면서 시험 준비를 게을리했던 것도 한몫했죠. 인턴을 마치고 군역을 공중보건의사로 치르면서 여러 선배들을 많이 만나게 되었는데요. 그들과 대화하며 제가 다니던 서울대학교병원이 아니라 다른 병원에서 수련을 받아도 좋겠다는 생각을 하게 되었어요. 저보다 먼저 안과 레지던트 수련을 받고 있었던 친한 친구는 본인이 수련 받고 있는 서울아산병원 안과를 소개해 주기도 했고요. 그런 영향을 받아 막연하게만 생각했던 안과 수련을 구체적으로 준비하게 되었죠. 그리고 제가 손으로 깎고 다듬는 걸 곧잘 하고 좋아했는데, 이게 안과에서 하는 미세 수술과도 연결이 될 것 같았어요. 실습을 할 때도 흥미를 느꼈었고 해보면 무척 재미있게 할 수 있을 것 같단 생각, 잘 할 수 있겠다는 생각이 들어 안과를 선택하게 되었어요.

📝 이 직업을 프러포즈하는 이유는 뭔가요?

조 저는 안과의사라는 직업이 최고라고는 생각하지 않아요. 의사라는 직업 역시 최고도 아니고, 의사 중에 안과의사가 최고인 것도 아니고요. 기본적으로 본인이 일을 통해 즐거움과 보람을 느낄 수 있는 직업이 최고라고 생각하죠. 의사의 일은 기본적으로 남을 돕는 일이라 무척이나 보람되며, 사회적으로도 인정받는 일이라 자부심을 가질 수 있어요. 일반 직장인에 비해 경제적으로 여유로울 수 있다는 것도 좋은 점 중 하나일 거고요. 그러니 제가 일을 하며 즐거움을 느낄 수 있다면 그야말로 최고의 직업이겠죠. 제가 의사라는 직업에 큰 만족감을 갖고, 이 일을 하면서 행복하다고 느끼는 것은 제가 하는 일이 좋아서예요. 의과대학에 다니던 시절 적성과 맞지 않아 힘들어하는 친구들을 많이 봤어요. 너무 힘들어하는 경우엔 결국 다른 길을 선택하더라고요. 그러니 우선 이 일이 자신의 적성과 맞을 것인지 오래 고민해봤으면 해요. 내 관심사가 무엇인지, 나는 어떤 성향의 사람인지 깊게 생각해보세요. 이 책을 통해 안과의사는 어떤 일을 하는 사람인지, 안과의사에 적합한 사람은 어떤 사람인지 등에 대해 구체적으로 얘기하려고 해요. 제 얘기나 견해에 공감하고 조건에 부합하는 학생이라면 안과의사라는 직업도 나와 잘 맞을 수 있구나 하는 것부터 시작하면 좋을 것 같아요. 안과의사는 수술을 하는 의사이지만 수술에 대한 부담이 상대적으로 적은 편이에요. 물론 눈이라는 장기를 다루는 것, 그리고 환자의 시력을 살리느냐 마느냐 하는 것에 압박감을 느끼지 않을 사람은 아무도 없을 거예요. 하지만 생명이 오락가락하는 신경외과나 흉부외과, 산부인과나 일반외과에서 느끼는 최고조의 스트레스는 없죠. 사람의 모든 장기 중 중요하지 않은 것이 없겠지만 "잘 본다"는 것이 가지는 삶의 가치는 엄청나게 크잖아요. 저는 우리 생활의 질을 좌지우지하는 중요한 장기인 눈을 다루는 이 일이 정말 좋아요. 제 일을 통해 환자의 삶이 나아지는 것을 보면서 보람을 느끼고요. 그 기쁨과 뿌듯함을 여러분도 느껴보길 바라요.

안과의사의
세계

Ophthalmology

하루 일과가 궁금해요.

편 하루 일과가 궁금해요.

조 종합병원에서 일하는 봉직의와 개원의의 일과에는 많은 차이가 있어요. 봉직의의 경우 일단 아침에 출근하면 대개 오전 일과 전에 콘퍼런스 시간을 가져요. 전공의들과 펠로우, 또는 의과대학 학생들이 함께 모여 특정 질환에 대해 토론하고 공부하는 시간으로 학생들과 전공의들에게는 교육의 장이 되는 것이죠. 구체적으로 얘기하자면, 특정 질환에 대해 한 사람이 주제를 정해 발표를 하거나 환자의 케이스를 토대로 진단하고 치료했던 내용을 토론해요. 최신지견^{학술 논문 등을 통해 가} ^{장 최근에 치료 방침으로 인정된 진단 및 치료법}을 공부하기도 하고요. 때론 논문 리뷰를 같이 하거나 최근에 나온 논문을 함께 읽고 그 논문에 대해 이야기하며 공부하기도 하죠. 전공의 때는 특정 교과서를 정리해와서 함께 읽고 공부하는 북 리딩 시간을 가지기도 해요.

콘퍼런스 외에 주 1회는 의국 회의를 통해 중요 사항들을 토의하고, 의국의 행사나 진료시간 등 전반적인 사항에 대해 협의하는 조회를 해요. 그 후 과에 따라 수술을 하거나 외

콘퍼런스 시간, 전공의들을 대상으로 강의

래를 보러 가죠. 병동에 입원환자가 있는 경우엔 회진을 돌고
요. 수술이나 외래, 회진이 모두 끝나면 연구실에서 실험을
하거나 실험실에 가서 실험 연구원들과 회의를 하기도 해요.
외부의 연구 프로젝트를 따오기 위해서 회의에 참석하거나
의과대학으로 강의를 나가기도 하고요. 이게 보통 대학병원
이나 종합병원에서 일하는 봉직의의 일과죠. 반면 개원의의
일과는 매우 단순한 편이에요. 출근하면 계속해서 환자를 보
고, 수술하는 과는 외래를 보거나 수술을 하죠. 일주일에 한

안과 개원의들을 상대로 최신지견 강의

두 번 직원들을 교육하거나 회의를 하는 경우도 있고요. 때론 시간을 내 지역사회 선생님들과 회식을 하기도 하고, 심포지엄이나 학회에 참석해 새로운 지식을 습득하기도 해요. 일반적인 개원의의 경우 환자를 진료하는 시간이 대부분이라 봉직의의 일과보다는 조금 단조롭다고 할 수 있죠.

편 일하는 곳은 어디인가요?

조 저는 서울대학교병원에서 1년간 인턴으로 근무하고, 국방의 의무를 다하기 위해 경기도 양평군에서 보건지소장으로 3년간 일했어요. 공중보건의사 근무를 마치고 서울아산병원에서 4년간 레지던트 수련을 받았고요. 그 후에 안과 전문의 자격을 취득하였고, 망막 분과 세부 전공을 하기 위해 임상강사 즉, 펠로우 트레이닝을 2년간 했어요. 그리고 임상조교수로 4년간 근무했으니 서울아산병원에서 총 10년을 근무했네요. 그 뒤 강릉으로 와서 4년간 강릉아산병원 부교수와 울산대학교 의과대학 교수로 근무를 했죠. 지금은 개원한지 4개월 정도 된 풋내기 개업의예요. 같이 일하던 동료 의사와 공동 개원한 개인병원에서 일하고 있죠. 병원의 진료실에서 진료를 보거나 수술실에서 수술을 하고요.

저처럼 병원에서 일하는 의사가 많지만 병원 외에도 의사가 일하는 곳은 매우 다양해요. 의대 교수가 되어 교육기관에서 근무하거나, 군의관이나 보건소 공무원, 국립과학수사연구원의 연구원, 법무부 의무직 공무원, 법의학자 등은 정부기관에서 근무하게 되죠. 의학전문기자는 언론기관에 종사하게 되겠고요. 시민단체에서 활동하는 분도 있어요. 인도주의실천의사협의회라고 보통 인의협이라고 줄여 부르는 단체가 있는데요. 노숙인이나 이주 노동자 등 소외받는 계층을 위해 문턱 없는 의료를 실시하고자 노력하는 기관이죠. 의료보험 제도 개편, 보험급여 혜택 확대 등 다양한 정책 대안을 제시하기도 하고요. 저 역시 이 기관에 소속되어 활동하고 있어요.

편 시간이 날 때는 어떤 일을 하나요?

조 되도록 가족들과 많은 시간을 보내려고 노력하고 있어요. 함께 외식을 하거나 집에서 같이 시간을 보내거나 산책을 나가죠. 고궁이나 공원에 가는 일도 많고요. 제가 4개월 전에 개원을 했다고 했잖아요. 새로운 일을 시작하면서 특별히 신경을 쓰고 있는 게 바로 체력이에요. 종합병원에서 근무할 때도 힘들긴 했지만, 개업의는 일주일 내내 환자를 봐야 해서 그만큼 체력의 부담을 느낄 수밖에 없기 때문이죠. 그런 이유로 저녁마다 시간을 내 규칙적으로 운동하려고 노력 중이에요. 취미로 악기를 배우고 연주하거나 의학 서적 외의 관심 있는 분야의 책을 읽는 것도 좋아해서 시간이 나면 하고 있고요. 저는 의사이기도 하지만 수필을 쓰는 사람이기도 해서 가끔 수필을 쓰거나 다른 사람의 수필을 읽어보며 글쓰기 연습을 하는 경우도 있어요.

매력과 장점은 무엇인가요?

편 매력과 장점은 무엇인가요?

조 의사로서의 가장 큰 매력은 일을 통해 보람을 느낄 수 있다는 점이에요. 나로 인해 환자의 병이 낫고 그 결과 행복해하는 모습을 볼 때가 제일 뿌듯하거든요. 사회적으로 존경과 인정을 받는 직종이라 자부심도 느낄 수 있고요. 일반 직장인에 비해 경제적으로 조금 더 윤택한 생활을 할 수 있다는 점도 장점이겠죠. 안과의사만의 매력도 있는데요. 우선 안과는 다른 과와 달리 타 분과에서 영역을 침범하는 경우가 없는 독특한 분야라는 게 장점이죠. 예를 들어 비만 클리닉의 경우 가정의학과뿐만 아니라 내과나 피부과, 성형외과 전문의 혹은 전문의 면허가 없는 일반의들까지 운영하고 있어요. 피부과나 성형외과 역시 해당 전문의 자격이 없는 일반의들이 많이 개원하고 있고요. 그렇지만 안과는 워낙 독특한 분야라 다른 과에서 안과가 다루는 질환을 전문적으로 취급하는 경우는 없죠. 두 번째는 진단 과정이 복잡하지 않다는 점이에요. 신경과나 내과처럼 수많은 검사를 하고 해석해 결과를 내는 것이 아니라, 주로 눈 속을 직접 들여다보거나 검사 장비를

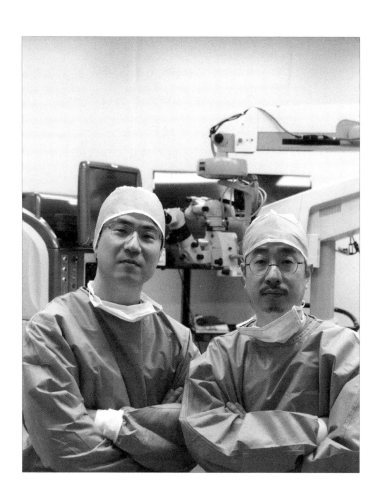

이용해 바로 병을 확인할 수 있죠. 마지막으로 치료 경과 역시 바로바로 확인이 가능한 편이라 치료가 매우 깔끔하다는 점이에요. 물론 모든 안과 분야가 그런 건 아니지만 대부분의 질환을 치료하는 데 있어 모호한 부분이 적기 때문에 깔끔한 치료가 가능하다는 것은 매우 큰 장점이라고 생각해요.

단점에 대해 알려주세요.

편 단점에 대해 알려주세요.

조 일단 의사가 되려면 의과대학에 들어가 공부를 하고 수련 과정을 거쳐야 하는데요. 그 과정이 매우 힘들다는 게 단점이 죠. 저 역시 당시 매우 힘들게 공부했던 기억이 있어요. 제가 다닌 서울대학교 의과대학은 대학로가 있는 연건동에 캠퍼 스가 있었어요. 마로니에 공원 맞은편이죠. 본과 1학년 때부 터 4학년 때까지 서울대학교병원과 학교 캠퍼스에서 수업을 듣고 실습을 했는데, 장소가 장소이니 만큼 마로니에 공원에 서는 다양한 문화 행사가 열렸고 주말이면 공원과 근처 극장 을 찾아 여유를 즐기려는 사람들로 북적였어요. 그런 분위기 가 감돌던 곳에서 도서관에 앉아 공부를 한다는 게 쉽지는 않 았죠. 남들이 놀고 즐길 때 밤늦게까지 공부한다는 것이 뿌듯 하고 보람찬 일일 순 있지만, 때론 회의가 들기도 했어요. 아, 내 인생을 이렇게 도서관 책 속에서 썩혀야 하나 하는 생각이 들었거든요.

요즘에는 전공의 특별법이 제정되어서 주 80시간만 근무 하도록 하고 있지만 제가 수련을 받던 당시만 해도 살인적인 스케줄을 소화해야 했어요. 한두 시간밖에 자지 못하고 일을 해야 했죠. 3일 동안 한 시간밖에 자지 못한 채 일한 날도 있었어요. 다행히 지금은 일정 시간이 지나면 퇴근을 하고 휴일과 휴가도 보장받고 있는데요. 보통의 노동자들이 근로기준법에 따라 주 40시간을 근무하는 것에 비해서는 힘들고 어렵게 수련을 해야 한다는 것이 단점이라고 생각해요. 마지막으로 하나 더 얘기하자면, 의사라고 해도 모든 치료에 성공하는 것은 아니기 때문에 치료가 잘되지 않아 안타까운 상황을 맞이하는 것이 상당히 괴로워요. 인턴 시절에는 환자의 임종을 본다거나 더 이상 손을 쓸 수 없는 상황이 오면 무력감을 느끼곤 했어요. 의사로서 해줄 수 있는 게 더는 없다는 사실이 너무 괴로웠고 그 괴로움을 이겨내는 일이 쉽지는 않았죠.

안과의사만의 단점이라면, 사람이 좀 소심해 보인다는 거?^^ 속된 말로 하면 쪼잔해 보인다고 하는데요. 실제로 소심하다거나 쪼잔하다는 건 아니고, 워낙 미세하게 들여다보고 정밀하게 수술하다 보니 그렇다는 소리를 듣는 것 같아요. 드라마 같은 것을 보다가도 다른 사람들은 아무렇지 않은데, 배우의 흰자위에 있는 반점이 자꾸 눈에 거슬리는 일도 있어요. 그런 사소한 점 말고는 안과의사로서 특별한 단점은 없다고 생각해요.

기억에 남는 사건이나 환자가 있나요?

편 기어에 남는 사건이니 환자가 있나요?

조 네. 기억에 남는 환자가 정말 많아요. 치료가 잘 되 뿌듯했던 경우보다는 안타까웠던 경험들이 오래도록 기억에 남아요. 수술을 했는데 결과가 좋아 수술실 밖에서 대기하고 있던 보호자들에게 이제 잘 볼 수 있을 거라 말씀드릴 때면 정말 기쁘죠. 그런 순간들이 쌓여 계속해서 힘을 낼 수 있는 원동력이 되는 것은 맞지만 기억 속에 오래 남아 있는 건 반대의 경우예요. 수술이 잘되지 않아 안타까움과 무력감이 가슴 깊이 새겨지면 잘 잊히질 않거든요.

소아과 인턴 때였는데, 당시 소아종양 병동에 돌이 갓 지난 아이가 있었어요. 혈액종양 치료가 불가능해지면서 더 이상 희망이 없어 집 근처 병원으로 돌아가 기본적인 생명 유지 장치만 하게 될 아이였죠. 그 아이를 안은 엄마를 구급차에 태워 지방의 병원으로 내려갔어요. 설 명절 직전이라 도로가 굉장히 막혀 구급차 사이렌을 울리며 복잡한 도로를 질주했죠. 지방 병원의 응급실에 아이와 엄마를 내려주고 왔는데, 흔들리는 차 안에서 봤던 아이 엄마의 얼굴이 계속 생각났어요. 서울에 있는 종합병원에서 더 이상의 치료가 불가능하다는 말을 들은 엄마의 얼굴, 희망이 사라져버린 걸 자각한 그 안타깝고 슬픈 표정은 아직도 잊을 수가 없네요.

제가 처음으로 임종을 선고했던 환자도 기억나요. 간 이식에 실패하고 중환자실에서 생명 유지 장치인 호흡기만 단 채 자택으로 돌아갔던 환자였죠. 신체의 모든 기능이 다 망가져 자발호흡을 하지 못하는 상태로 사실상 중환자실에서 사망한 것이나 마찬가지인 상황이었는데요. 가족들은 환자분이 집에서 돌아가시길 원해 함께 자택으로 갔죠. 심장은 멈췄고 호흡기를 떼니 들쑥날쑥하던 숨도 더 이상 쉬질 않아 사망 선고를 했어요. 인턴 시절이었는데 처음 임종을 선고하며 가슴이 아렸던 기억이 아직도 선명해요.

안과 환자 중에 가장 기억에 남는 환자는 제가 서울아산병원에서 임상 조교수로 있을 때 응급 수술을 했던 환자예요. 패혈증으로 중환자실에 입원했던 분인데요. 세균이 온몸을 돌다가 눈에까지 들어가는 바람에 내인성 안내염을 일으킨 경우였죠. 내인성 안내염은 균이 혈관을 타고 돌아다니다 눈으로 들어가는 질병으로 예후가 매우 나빠요. 균이 망막까지 침범해 시력을 잃기 쉽기 때문이죠. 게다가 시간을 다투는 응급 질환이라 새벽이지만 마취과와 중환자실 의사와 상의를 해 수술에 들어갔어요. 수술을 통해 다행히도 한쪽 시력은 0.1 정도, 반대쪽 시력은 0.4 정도가 나오는 눈이 되었어요. 사실 안내염이 심해지면 안구를 제거하고 의안을 해야 하는 경우까지 가기도 하는데 저 정도 시력이 나온 것은 나쁘지 않은 결과였죠. 하지만 건강이 회복되어 중환자실에서 나온 환자는 중환자실에 들어갈 때만 해도 눈이 잘 보였는데 시력이 낮아졌다고 수술한 의사가 누군지 물으며 화를 내셨대요. 그리고 제가 경과를 관찰하러 외래에 올 때마다 수술 때문에 눈이 망가졌다며 노발대발하셨죠. 저는 수술을 잘 마치고 시력도 어느 정도 나와 보람을 느꼈는데, 감사 인사는커녕 화를 내는 분을 마주하니 정말 속이 상하더라고요. 가슴이 많이 아팠고 직업에 대한 회의를 느끼기도 했어요.

반면 수술이 생각대로 잘되지 않았는데도 최선을 다해줘 고맙다며 제 마음을 위로해주신 분도 계세요. 이 환자는 당뇨합병증으로 인해 한쪽 눈에 녹내장이 생겼다가 결국은 실명을 한 분이에요. 의사는 모든 질환을 말끔하게 치료할 수는 없죠. 온 힘을 다 쏟아도 수술 결과가 좋지 않을 수 있는데, 그런 경우 무척 괴롭고요. 그래서 수술이 잘 안된 환자가 찾아오면 마음이 편치 않은데요. 이분은 병원에 오실 때마다 본인의 눈을 살리기 위해 최선을 다한 걸 잘 안다며 고맙다고 해주셨어요. 농사를 짓는 분이라 직접 기른 감자 등을 가져다 주시거나, 감사 인사를 하시며 오히려 저를 위로하고 격려해 주셨죠. 그분의 그런 마음과 배려가 힘이 많이 되었어요.

편 선생님을 힘들게 하는 환자도 있나요?

조 저를 힘들게 하는 환자는 다른 사람을 무시하는 사람이에요. 그런 사람들은 제가 하는 말을 전혀 듣지 않고 본인이 원하는 답이 나오기만을 기다리죠. 그렇게 제 조언을 무시하는 사람들을 치료하는 일은 매우 어려워요. 일단 진료를 받기 위해 병원에 왔으면 의사를 신뢰하고 그들의 조언이나 방침을 따라야 효과적인 치료를 시행할 수 있으니까요. 어떤 환자들은 진료실 밖에서 일하는 간호사나 간호조무사 또는 접수를 담당하는 행정 직원에게 반말을 하거나 심지어 고성을 지르고 욕을 하기도 해요. 그런 사람들이 진료실에 들어오면 의사 앞에서는 고분고분하죠. 하지만 진료를 마치고 다시 대기실로 나가면 또 화를 내고 짜증을 내요. 최근 개정된 산업안전보건법에서는 사람을 상대하는 직종의 노동자에게 욕설을 하거나 폭력 행위를 행하는 것을 금하고 있어요. 우리가 상담 전화를 걸면 상담원에게 욕설을 하거나 감정이 상할 수 있는 말을 금지하고 그런 경우 법적인 처벌을 받을 수 있나고 공지하고 있죠. 더불어 그들이 누군가의 사랑스러운 딸이고 아들이라는 말도 덧붙이는데요. 병원에서 일하는 직원들 역시 누군가의 가족이에요. 인간에 대한 기본적인 예의를 갖추지 않은 사람이 제가 볼 때는 가장 힘든 환자예요.

안과를 찾는 환자들은 주로
어디가 아파서 방문하나요?

편 안과를 찾는 환자들은 주로 어디가 아파서 방문하나요?

조 안과에 오는 환자들 중 대부분은 눈과 관계된 질환 때문에 내원하게 되죠. 눈과 관련되어 환자가 흔히 호소하는 증상으로는 시력장애, 충혈, 통증, 눈의 피로, 눈꺼풀 처짐, 눈꺼풀 종창, 시야 결손, 물체가 둘로 보이는 복시 등이 있어요. 같은 증상이라 해도 여러 가지 질병에 의해 생길 수 있으므로 감별 진단이 필요하죠. 단순히 검진을 위해서 오는 분들도 있어요. 특히 나이 드신 분들은 아무런 증상이 없음에도 불구하고 당뇨합병증이나 녹내장, 황반변성 등의 위험은 없는지 미리 알기 위해 방문하시죠. 어린아이들의 경우 단순히 시력검사를 위해서 내원하기도 하고요.

편 선생님도 환자가 되어보신 적이 있나요?

조 물론이죠. 저도 축구를 하다가 안경이 깨지면서 눈을 다쳐 응급실에 간 적이 있어요. 공중보건의사 시절이었는데, 축구를 하던 도중 공에 맞아 안경이 깨지는 바람에 눈꺼풀이 찢

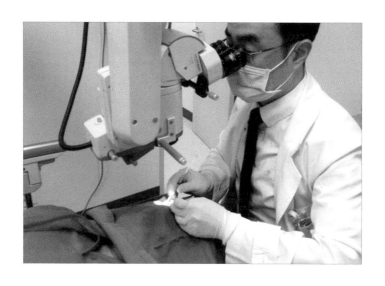

어져 피가 많이 흘렀어요. 피 때문에 앞이 잘 보이지 않을 정도였죠. 같이 일하던 공중보건의사 선생님이 아산병원 출신이라 근처의 응급실 대신 서울아산병원 응급실로 가자고 했어요. 응급실에 도착했는데 제 대학 동기들이 그곳에서 레지던트를 하고 있었어요. 안과에 있던 친구들이 연락을 받고 안구 파열 등의 심각한 상황은 아닐까 싶어 수술 준비까지 하고 기다리고 있더라고요. 검사 결과 다행히 눈에는 아무 이상이 없고 눈꺼풀에만 이상이 있어 봉합을 위해 성형외과의사를 기다리고 있었죠. 당시 결혼을 한 상태라 아내가 연락을 받았는데, 축구를 하다 눈을 다쳐 응급실에 왔다는 내용을 듣고 많이 놀랐다고 해요. 아내는 떨리는 목소리로 혹시 남편과 통화를 할 수 있냐고 물었죠. 마침 봉합을 위해 마취를 하고 있어 전화를 받을 수 없었는데, 상황을 제대로 전달하지 않고 죄송하지만 지금은 전화를 받을 수 없는 상태라고만 말해 의식을 잃고 쓰러져서 전화를 받지 못하는가 싶어 하늘이 노래졌다고 해요. 제가 심각하게 아파서 입원해 본 적은 없지만 제 아이나 부모님, 형제가 중환자실에 간 적도 있고 병원에서 오랜 시간 치료를 받은 일도 있어요. 그래서 환자들을 볼 때 항상 생각하는 것은 내 가족도 환자였던 경험이 있고, 나도 언젠가는 저들처럼 환자의 입장이 될 수 있다는 것이에요. 그렇기에 늘 저 환자들이 내 가족이라면 어떻게 치료할까 하는 마음으로 최선을 다해 진료하려고 노력하고 있죠.

진료하다가 응급상황이 생기면 어떻게 하나요?

편. 진료하다가 응급상황이 생기면 어떻게 하나요? 응급상황에 대처하는 매뉴얼이 있나요?

조. 전공의 시절에 응급상황을 가장 많이 보게 되죠. 주로 응급실로부터 콜을 받고 응급의학과의사들과 함께 환자를 봐요. 물론 책자로 만들어진 응급상황 대처 매뉴얼도 갖추어져 있고, 족보라고 해서 선배들로부터 전해 내려오는 대처법도 있어요. 환자의 상태에 따른 검사 종류와 치료 방법 등에 대한 것이죠. 그런 걸 읽어보고 체계적으로 정리해서 머릿속에 담아야 하는데, 중요한 건 책의 내용을 아는 것에 그치는 것이 아니라 본인 스스로 익히면서 채득을 하는 일이에요.

편. 진찰하다가 병명을 잘 모르겠다 싶은 경우도 있나요? 그럴 때는 어떻게 하세요?

조. 의사라고 해도 모든 질환을 다 알 수는 없어요. 아주 희귀한 질환이라든지 국내에선 잘 발생하지 않는 질환은 증상만 보고 병명을 알기가 쉽지 않죠. 병명을 정확히 알 수 없을 때는 환자에게 충분히 설명을 하고 좀 더 확실한 진단을 위해 검사를 권유해요. 그렇게 검사를 한다고 해도 결과가 애매모호한 경우도 있어요. 그럴 때는 경험이 많은 의사나 선배들과 상의를 하기도 하죠.

제가 서울아산병원에 있을 때 국내 최초로 특정 질환을 발견한 경우가 있었는데요. 그 질환은 동양인에게서는 아주 드물고 서양인에게서 종종 발생하는 질환의 한 종류였어요. 그러니 환자의 증상을 처음 봤을 때는 무슨 질환인지 알 수가 없었죠. 여러 논문을 찾아보다 아, 이런 질환이구나 싶어 교수님께 물어봤어요. 그런데 그 교수님은 한국에서는 이런 질환이 발견된 적이 없으니 아닐 거라고 하셨죠. 그래서 그 질환을 전 세계에서 처음 발견하고 보고했던 미국의 교수님에게 메일을 보냈어요. 당시의 상황을 설명하고 환자의 사진을 함께 첨부했죠. 그 교수님을 통해 질환을 확진 받았고, 환자에게 설명하고 치료를 시행했어요. 병명을 모르는 것은 부끄러운 일이 아니에요. 물론 흔한 질병이나 반드시 알아야 할 질환을 모르는 것은 의사에게 죄가 될 수도 있죠. 제가 얘기하는 것은 아주 희귀한 질환이나 특이한 질환 같은 것을 말하는 거예요. 그런 질환이 의심되는 경우 경험이 풍부한 의사나 연구자와 상의해 진단을 확인하고 치료 방법을 확정 짓는 것이 환자에게 도움이 될 거라고 생각해요.

[편] 오진을 한 경우 의사는 어떻게 되나요?

[조] 오진율이 생각보다 꽤 높아요. 서울의 5대 종합병원 역시 오진율이 상당하다고 하죠. 실제 한국소비자원에 접수되는 오진에 대한 불만 신고도 만만치 않은 수준이라고 하고요. 사람의 몸은 자동차나 전자제품과 같은 기계가 아니기 때문에 회로 검사 등을 통해 이상 유무를 알아내는 것처럼 간단하게 진단을 할 수는 없어요. 다양한 장치나 기계를 이용해 검사를 해도 결과를 해석하는 것은 인간이기 때문에 분명 오진은 나올 수 있고요. 예를 들어 똑같은 질환을 보고 같은 형태의 엑스레이 검사를 했는데, 종양을 많이 보는 병원에서는 폐에 있는 결절을 보고 폐암이라는 진단을 할 수도 있을 것이고, 결핵을 많이 보는 지역의 병원에서는 결핵이라는 진단을 할 수도 있어요. 특히 질환의 초기 단계나 질환이 변형된 모습으로 나타날 경우에는 오진을 할 확률이 높죠. 오진을 한다고 모든 의사가 처벌을 받는 것은 아니에요. 보편적인 기준으로 봤을 때 통상의 경우에서 벗어난 오진을 한 경우 처벌을 받을 수도 있겠지만, 교과서나 의학계에서 전통으로 내려오는 치료

와 진단 기준대로 시행을 하고 거기에서 도출된 결과를 토대로 합리적인 해석을 내렸다면 그 진단이 틀렸다 하더라도 의사에게 책임을 물을 수는 없죠. 의사로서는 그 환경에서 최선을 다한 것이기 때문이에요.

일을 잘 수행하기 위해
따로 노력하고 있는 것이 있나요?

편 일을 잘 수행하기 위해 따로 노력하고 있는 것이 있나요?

조 의료지식은 계속 변화해요. 새로운 치료법과 새로운 진단법, 새로운 기계가 계속해서 개발되고 있죠. 특히 안과 분야는 새로운 진단법이나 새로운 기계가 많이 개발되고 있어요. 그러니 공부를 하지 않으면 뒤처질 수밖에 없겠죠. 예전 방식의 진단과 수술, 치료법으로는 환자를 제대로 치료할 수 없고 안과의사 사회에서 도태될 수밖에 없어요. 그런 이유로 저는 최근 논문을 많이 찾아보고 있어요. 최근의 논문들만 정리해주는 사이트를 찾아 새로 올라온 것들을 확인하기도 하고요. 각종 심포지엄이나 강연회, 학회에 참가해 최신지견을 습득하기 위한 노력도 해요. 그런 행사에 가면 최근의 연구결과라든지 최신 연구 트렌드를 발표하는 의사들이 있는데 그 내용을 들으며 습득하거나 제가 직접 발표자가 되어 발표를 하기도 하죠. 다른 의사들은 어떻게 치료를 하는지, 최근 연구결과에는 어떤 것이 있는지, 그 결과를 실제 외래 임상에 어떻게 적용할 것인지 공부하고 고민하는 일은 반드시 필요

개원의를 대상으로 한 심포지엄에서 강의하는 모습

해요. 공부와 고민을 게을리하는 의사는 환자에게 죄를 짓는

것이나 마찬가지니까요.

애로 사항이 있나요?

편 애로 사항이 있나요? 매일 아픈 사람만 만나면 우울해지지 않나요?

조 특별한 애로 사항은 없고, 아픈 환자를 본다고 해서 우울해지지도 않아요. 제가 종합병원에 있을 때 종양내과에서 일하는 친한 친구가 있었어요. 점심시간마다 만나곤 했는데 늘 우울한 표정이었죠. 종양내과 전문의로 일하다 보니 증세가 점점 악화되고 결국 돌아가시는 환자가 꽤 있기 때문일 거예요. 고통스러워하는 환자를 매일 대하다 보면 그 친구처럼 우울해질지도 모르겠어요. 그렇지만 안과의사로 일하다 보니 그런 경험은 없죠. 물론 안과에도 만성질환이 있어요. 시간이 지날수록 점점 나빠지고 치료를 해도 효과가 없어 점점 시력을 잃는 분들이 간혹 있죠. 그런 분들을 보면 저도 기분이 많이 가라앉고 우울한 느낌이 들기도 해요. 하지만 대개의 경우 백내장 수술이나 망막 수술을 통해 실명의 위험에서 벗어나 더 밝아진 세상을 보고 좋아하는 모습을 보는 일이 훨씬 많기 때문에 환자의 상태 때문에 우울할 일은 거의 없죠. 오히려 아프지만 고통과 고난을 잘 이겨내고 꿋꿋하게 살아가시는 분들을 보고 힘을 얻기도 해요. 그런 경험들이 저를 더 강하게 만들어주고, 때론 그 모습에서 살아가는 지혜를 배우죠. 그러니 아픈 사람들을 본다고 해서 우울하거나 힘들다는 생각은 없어요.

의사는 힘든 직업일 것 같아요.
스트레스는 어떻게 해소하나요?

편 의사는 힘든 직업일 것 같아요. 스트레스는 어떻게 해소
하나요?

조 맞아요. 보람찬 직업이긴 하지만 힘든 직업이기도 하죠.
의사들은 각자 자신만의 방법으로 스트레스를 해소해요. 퇴
근 후 술을 한 잔 마시며 회포를 푸는 분도 있고, 격렬한 운
동으로 땀을 빼는 분도 있고, 악기를 연주하거나 사진을 찍으
러 다니는 분도 있죠. 책을 읽거나 종교 활동을 통해 자신의
마음을 다스리는 분도 있고요. 저 같은 경우 레지던트 시절에
스트레스가 심했어요. 그때는 수면 시간이 워낙 부족해서 다
른 방법은 생각할 수 없었고 시간이 나면 잠을 잤어요. 그렇
게 잠깐이라도 자고 나면 피로나 스트레스가 풀리는 듯했죠.
여유가 좀 생기고 나서는 제가 좋아하는 일을 하면서 스트레
스를 해소하고 있어요. 특별한 것은 아니고 영화나 재미있는
TV프로그램, 드라마를 보거나 책을 읽는 거죠. 때론 격렬한
운동을 하기도 하는데, 그것도 도움이 많이 되고 있어요.

편 힘들다고 중간에 그만두는 사람은 없나요?

조 정말 너무 힘들다고 생각한 적은 많았지만 그렇다고 그만두고 싶다는 마음은 없었어요. 의과대학 시절에도 좀 쉬고 싶다는 생각을 주로 했지 학교를 그만두고 의사 대신 다른 직업을 가져야겠다고 한 적은 없었죠. 전공의 시절에도 마찬가지였고요. 조금만 더 참자, 조금만 더 버티자 하면서 여기까지 왔네요. 그렇지만 제 친구나 선후배 중에는 중간에 그만두거나 다른 과로 간 사람들이 꽤 있었어요. 힘들어서 그런 경우도 있었고, 자신의 적성과 맞지 않아 그런 경우도 있었죠. 실제로 수학을 잘해서 문과보다 이과를 선택했고 이과에서 성적이 잘 나와 부모님이 가라는 대로 의대에는 왔는데, 생물이나 화학 같은 것이 너무 지루해 전혀 재미를 느끼지 못했던 친구가 있었어요. 환자와 직접 대면해 맞닥뜨리는 것에 부담을 느끼는 친구도 있었고요. 이 일이 자신의 성향이나 관심사와 전혀 다르다면 견디기가 매우 힘들어요. 아무리 재미있고 좋은 직업이어도 자기가 좋아하지 않고 일에 흥미가 전혀 없으면 해내기가 쉽지 않은데, 특히 이 일은 기본적으로 해야 할 공부가 많고, 노동의 강도가 세며, 긴 수련 과정을 거쳐야 하기 때문이에요. 그런 이유들로 레지던트 과정 중에 그만두는 사람이 많았어요. 전통적으로 힘들다고 알려진 흉부외과나 신경외과, 일반외과에서는 환자를 다루는데 따른 어려움과 센 노동 강도로 인해 그만두는 사람이 종종 나왔죠. 어떤 과에서는 그 과의 전망이 불투명하거나 불안정하다는 이유로 그만두는 사람도 있었어요. 과 내의 상명하복식 인간관계나 강압적인 분위기를 견디지 못해 그만두는 사람도 더러 있었고요.

🖊 의사들 사이에 상하관계가 정말로 엄격한가요?

🖊 실제로 일반 직장과 달리 상하관계가 매우 엄격한데, 저는 일의 특성상 그런 체계가 꼭 필요하다고 생각해요. 기강이 흐트러진다거나 잘못해서 필요한 것들을 놓치거나 집중력을 떨어뜨리게 될 경우 심각한 결과로 이어지거나 심지어는 환자의 생명까지 위협을 받을 수 있기 때문이에요. 특히 잘못된 판단과 실수가 환자의 상태에 큰 영향을 미치고 죽음까지 초래할 가능성이 높은 외과의 경우 기강이 셀 수밖에 없어요. 그렇지만 수술실이나 의료 환경 내에서가 아니라 진료실 밖에서의 인간적인 관계에서 그런 식의 상하관계는 불필요하다고 봐요. 요즘은 제가 공부하던 때와는 분위기가 많이 바뀌었

어요. 제가 교수가 되어 레지던트들을 가르칠 때 보니 엄격함
은 점점 누그러지고 점차 민주적이 되어가더라고요. 그렇지
만 기본적으로 의사가 하는 일이 상당한 집중력을 요하는 것
이기 때문에 주의나 경고를 위한 엄중한 감지 시스템 또는 엄
하고 철저한 도제식 교육은 어느 정도 지속될 거라고 봐요.

성취감을 느끼는 순간이 있나요?

편 성취감을 느끼는 순간이 있나요?

조 물론이죠. 이 일을 하면서 그런 경험을 많이 했어요. 예를 들어 심포지엄이나 학술대회에서 한 발표로 상을 받았을 때, 우수 연제나 우수 발표자로 상을 받았을 때 성취감을 느꼈죠. 인턴 과정을 무사히 마쳤을 때나 레지던트 과정을 마치고 전문의 자격을 취득했을 때, 연구 분야에서 인정을 받아 그 분야의 펠로우로 들어가게 되었을 때, 학회에 정회원으로 등록되었을 때도 성취감을 느꼈고요. 그렇지만 가장 큰 만족감과 성취감을 느끼는 순간은 바로 환자의 상태가 좋아졌을 때예요. 특히 결과가 좋지 않을 것으로 예상되어 다른 의사들이 치료를 포기한 환자에게서 좋은 결과가 나왔을 때의 뿌듯함과 성취감은 말로 다 표현할 수가 없죠.

대한안과학회 학술대회 우수발표상 수상

미국망막학회 연구결과 발표

의사를 꿈꿨던 때와 실제 의사가 된 후
가장 크게 달라진 점이 있을까요?

[편] 의사를 꿈꿨던 때와 실제 의사가 된 후 가장 크게 달라진 점이 있을까요?

[조] 글쎄요. 크게 달라진 점은 없어 보여요. 의사가 되기 전에 나는 어떤 식의 의사를 꿈꿨을까 생각해봤는데, 특별히 지금과 다른 기억은 없네요. 제가 지금 의사로 산지 20년이 다 되어가는 중이라 이미 의사 생활에 적응해서 그렇게 생각하는 것일 수도 있지만요. 물론 예상보다 더 힘들고 때론 더 짜릿하고 흥분되는 일이긴 하지만 크게 달라진 점은 없어요.

어떤 마음의 자세로 일하세요?

편 어떤 마음의 자세로 일하세요?

조 인턴이나 레지던트 과정에 있던 당시에는 무조건 빨리 끝내자는 생각으로 일했어요. 일을 빨리 끝내고 잠깐이라도 쉬거나 잠을 자는 게 목표였죠. 워낙 시간에 쫓겨 피곤한데다 일이 너무 고되고 힘들었으니까요. 병원에 있을 때는 논문을 쓰거나 실적을 올려 눈에 보이는 성과를 내야겠다는 생각을 많이 했고요. 지금은 많이 달라졌어요. 의사로서 즐거운 마음으로 환자를 대하며 행복하게 일하자는 생각을 갖게 되었죠.

선생님 한 분과 공동으로 병원을 운영하고 있는데, 저희 병원의 목표가 의사와 환자, 직원이 모두 행복한 병원이에요. 환자들이 진료실을 나갈 때는 행복한 미소를 지으면서 나갔으면 좋겠고, 함께 병원을 꾸려나가는 직원들도 기쁜 마음으로 일했으면 좋겠다는 생각을 해요. 그래서 늘 부드럽고 활기찬 분위기를 만들고 편안한 환경을 조성하려고 노력하고 있죠. 공동 개원한 선생님이 모두가 행복한 삶을 위해 노력을 많이 기울이는 분이라 일도 많고 피곤한 부분도 있지만 그 결과 병원의 분위기가 좋으니 아주 만족하면서 행복하게 진료하고 있어요.

편 환자를 대할 때 특히 신경 쓰는 부분이 있다면요?

조 제 부모님이 저와 다른 지방에 살고 계셔서 매주 안부 전화를 드리고, 명절이나 생신 때면 찾아뵙곤 하는데요. 그때마다 어머니가 항상 하시는 말씀이 환자들에게 친절하게 대하라는 것이죠. 어머니는 몸 여기저기가 많이 아파 병원에 자주 가시는데, 불친절하거나 설명을 제대로 해주지 않는 의사에게는 반감이 있으시고, 반대로 친절하게 설명을 잘해주는 의사에게는 호감과 고마움을 느끼시더라고요. 환자를 대할 때마다 어머니가 늘 강조하셨던 말씀을 생각하고 더 친절하게 설명하기 위해 노력하고 있어요.

저희 가족들은 어머니처럼 병원에 가는 일도 많고, 중환자실에서 오래 지냈던 적도 있어요. 제 작은 아이도 갑작스러운 사고로 응급실에 갔다가 중환자실에서 한 달을 보내고 병동에 몇 달간 입원했었죠. 환자였던 경험은 물론 보호자로서의 경험이 있기 때문에 그분들의 심정에 더욱 공감하는 면이 많아요. 환자나 보호자의 입장을 고려해 질환에 대해 정확하게 설명하고, 병원에서 어떤 도움을 받을 수 있는지 쉽고 자세히 얘기하죠. 치료가 어려운 경우라 하더라도 제 이야기를 들으며 심적인 위안이라도 얻었으면 하는 생각으로 신경을 써서 설명을 하고요.

저는 환자들에게 한발 가까이 가기 위해 메모를 많이 하는 편이에요. 눈과 관련된 질환 외에 다른 치료를 받는다거나 여행을 간다든가 가족 누군가가 아프다든가 하는 내용을 적는 것이죠. 그리고 다음에 만날 때 그 메모에 적힌 일들에 대해 여쭤봐요. 환자의 심리적인 문제에도 조금씩 관심을 기울이기도 하고요. 그런 식의 노력을 통해 제가 일하는 곳이 눈만 보는 진료실이 아니라 환자와 소통하는 공간이 되었으면 해요. 물론 안과 진료실이 정신과 진료실도 아니고 제한된 시간 내에 환자를 봐야 하기 때문에 모든 환자를 그렇게 세심하게 살펴볼 순 없지만 특히 힘들어하는 분들이 계시면 조금씩 챙겨드리려고 신경 쓰고 있죠.

안과
의사란

Ophthalmology

의사라는 직업에 대해 간단히 소개해주시고, 안과의사에 대해 구체적으로 알려주세요.

🖊 의사라는 직업에 대해 간단히 소개해주시고, 안과의사에 대해서도 구체적으로 알려주세요.

조 일정 자격을 갖추고 서양 의술과 양약을 이용해 사람의 병을 진단하고 치료하는 사람을 의사라고 하죠. 의사에도 여러 종류가 있는데, 그중 안과의사는 눈의 선천적 이상이나 눈과 관련된 질환, 상해 등을 진단하고 치료하는 의사예요. 각종 장비를 이용해 환자를 검사하고 결과에 따라 약물을 처방하거나 필요한 경우 수술을 하기도 해요. 사람들의 건강한 눈을 지키기 위해 최선을 다하고 있죠.

의사는 크게 두 종류로 분류할 수 있어요. 환자와 직접 접촉하는 일이 없는 의사와 환자를 직접 진료하는 의사로 나눌 수 있죠. 환자를 직접 진료하지 않는 의사는 다시 네 가지 종류로 분류돼요. 첫 번째는 의료관리학과 예방의학 전공자예요. 의료관리학은 의료보험 체계나 각종 사회보장제도 등 의료 관련 정책이나 사회적 의료시스템에 대한 연구를 하고 그 결과를 실제 정책에 반영하도록 하는 학문이죠. 예방의

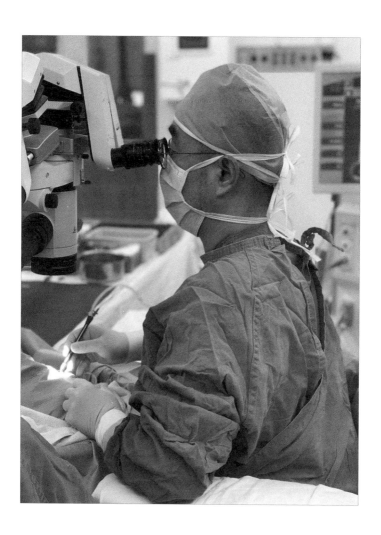

학은 질환의 유병률과 발병률, 다른 요소들과의 연관성을 탐구하거나 임상실험의 통계적 결과 추론을 도와주는 학문이에요. 통계를 기반으로 역학조사를 하기도 하죠. 예를 들어 특정 지역에 백혈병 환자가 통상적인 수준 이상으로 발생했다고 가정해봐요. 그런 상황이 오면 예방의학 의사들이 그 지역으로 가서 역학조사를 벌여요. 발생 지역 주변에 있는 공장의 매연이나 변전소 혹은 발전소에서 나오는 전자파 등과의 관계를 추적하는 것이죠. 두 번째는 기초의학 전공자예요. 기초의학에는 해부학과 병리학, 생화학, 생리학, 기생충학, 미생물학 등이 있으며, 사람의 질환과 관련된 과학을 집중적으로 다루기 때문에 의사보다는 과학자에 더 가까운 사람이라는 생각이 들어요. 세 번째는 환자에게 필요한 의료장비나 인공장기 등을 연구하는 의공학 전공자죠. 마지막은 병원에서 일하지만 환자와 직접 대면하지 않는 임상병리학, 해부병리학, 영상의학 전공자예요. 임상병리는 쉽게 말하면 우리 몸에서 나오는 혈액이나 체액 등을 검사해 병의 원인과 호전 정도를 파악하는 분야예요. 예를 들어 혈당이나 콜레스테롤 수치를 검사하는 것도 임상병리학에서 다루는 일이죠. 단순히 검사만 시행하는 것은 아니고 새로운 검사법을 개발하거나 기존의 검사법을 임상적으로 어떻게 적용해나가야 하는지도 연구해요. 해부병리는 사람에게서 분리된 조직을 가지고 질환을 탐지하는 분야예요. 종양이 있는 경우 조직검사를 시행해서 암인지 아닌지를 판별하는 곳이 바로 해부병리학과죠. 영상의학과는 이전에 방사선과라고 불리던 분야로 X-Ray나 초음파, CT, MRI 검사 결과를 판독하고 해석하는 곳이에요. 영상의 결과를 분석하는 것에 머무는 것이 아니라, 최근에는 영상을 보면서 실시간으로 시술하는 중재적 시술을 하기도 해요. 그런 면에서 영상의학과를 환자를 보지 않는 분야로 분류하기 어렵기도 해요. 핵의학과를 빠트릴 뻔했네요. 방사성 동위원소 등을 이용해 진단과 치료를 하는 분야죠.

이제 환자를 직접 대면하는 의사인 임상의사에 대해 얘기해볼게요. 우선 임상의사이지만 앞서 얘기한 의료관리학 전공자의 업무와 일부 겹치는 부분이 있는 특별한 분야가 있는데요. 바로 산업의학 전공자예요. 이들은 각종 산업재해와 관련된 질환들과 직업병 등을 연구하고 치료하죠. 환자만 치료하는 것이 아니라 직업 환경을 조사하고 열악한 환경을 개선해서 노동자들의 건강을 지켜주는 매우 훌륭한 분야예요. 물론 다른 분야도 훌륭한 건 마찬가지지만요. 임상의사를 다시 두 가지 분야로 나누자면, 인체 장기에 따라 분류하거나 질환 혹은 환자에 따라 분류할 수 있어요. 첫 번째는 말 그대로 신경외과, 정형외과, 내과, 안과, 이비인후과, 산부인과, 외과, 성형외과, 피부과, 산부인과 등 인체의 장기에 따라 전공을 분류한 것을 말해요. 두 번째는 가정의학과, 응급의학과, 종양내과, 소아청소년과와 같이 질환의 종류나 대상이 되는 환자에 따라 전공을 분류한 것이고요.

그중 몇 가지 전공만 간단히 소개해볼게요. 가정의학과는 인체를 총괄적으로 보며 가장 기본적인 질환의 치료와 건강관리를 맡는 곳이에요. 우리나라의 경우 의료체계가 왜곡되어 환자들이 바로 대학병원의 각 분과 전문의를 찾는데요. 원칙적으로는 가정의학과에서 사회 구성원들의 전체적인 건강관리를 도맡아 하다 중요한 질환이 발생했을 때 알맞은 분과 전문의를 연결해주는 것이 맞아요. 예를 들어 안과 전문의인 저에게 아침에 일어날 때마다 눈꺼풀이 붓는다고 오는 분들이 있는데요. 이건 안과적인 문제가 아니라 몸에 부종이 생기는 신장내과 문제인 경우가 대부분이에요. 증상에 따라 가야 하는 병원을 환자들은 잘 알 수 없으니 가정의학과의사가 일차적으로 환자를 보면서 그들의 특징을 파악하는 것이 좋겠죠. 말하자면 주치의가 되어 환자는 물론 환자 가족들의 질환 정보를 수집하고, 가볍거나 만성적인 질환을 관리하다가 특별한 질환이 생기면 해당 전문기를 연결해주는 역할을 해야 해요. 이런 구조가 되면 환자들은 꾸준하게 건강관리를 할 수 있으며, 이 병원 저 병원 찾아다니는 고생을 하지 않아 시간과 금전적인 낭비를 줄일 수 있게 되죠. 빠른 시일 안에 우리나라도 1차 의료체계가 합리적으로 구축되었으면 해요. 응급의학과는 갑작스러운 병이나 상처로 인한 위급한 고비를 넘기기 위해 가장 우선적으로 대응하여 환자를 치료하는 분야죠. 아주대 응급의료센터 이국종 교수님이 하는 일이나 드라마 장면을 떠올리면 이해가 쉽겠네요. 종합병원 응급실에서 벌어지는 의사들의 이야기를 다룬 미국 드라마 〈ER〉이나 국내 드라마 〈골든타임〉같은 드라마 말이에요.

편 병원 역시 동네에 있는 의원부터 전문병원까지 매우 다양하잖아요. 의료기관의 종류도 궁금해요.

조 의원은 외래환자를 기본으로 의료 서비스를 제공하는 의료기관이에요. 동네에 있는 내과나 소아과, 이비인후과, 안과, 가정의학과를 떠올리면 되겠네요. 병원은 입원실을 갖추

고 있어 외래환자뿐만 아니라 입원환자의 치료도 겸하는 곳
이고요. 종합병원은 100개 이상의 병상과 7개 또는 9개 이상
의 전문분과, 각 전문분과에 속하는 전문의를 갖춘 곳을 말해
요. 이름 그대로 거의 모든 분과가 있어서 종합적인 진료와
치료를 받을 수 있는 곳이죠. 상급종합병원은 종합병원 중에
서도 중증질환에 대하여 난이도가 높은 의료 행위를 전문적
으로 행하는 곳으로 보건복지부 장관이 지정해요. 전문병원
은 특정 진료과목이나 특정 질환 등에 대하여 난이도가 높은
의료 행위를 수행할 수 있는 곳으로 보건복지부 장관의 허가
를 받은 곳이고요. 예를 들면 척추전문병원이나 안과전문병
원 등이 있죠. 요양병원은 장기적인 보호와 치료를 요하는 만
성질환자 혹은 노인들의 요양을 위한 병원이라고 보면 되겠
어요.

편 한방병원과의 차이가 있을까요?
조 한방병원은 오래전부터 내려온 전통 방식으로 진단과 치
료를 하고 있어요. 예를 들면 환자의 맥을 살펴 병을 진단하
는 진맥을 하고 있죠. 뜸이나 침을 이용해 질병을 치료하고
요. 물론 최근에는 의료 장비를 도입해 검사를 하고 치료를

하는 경우도 있지만, 그 수준이 병원과는 큰 차이가 있어요. 특히 안과 같은 경우 영상 장비가 매우 발달해서 눈 안에 있는 조직들을 직접 들여다보고 분석할 수 있으며 조직의 구조와 기능, 해부학적 변화, 기능적 변화까지 세세하게 검사할 수 있지만 한방병원은 이러한 장비를 도입해 진료하는 전문의 제도가 없기에 그렇게까지 자세하게 보지는 못하죠. 또한 병원은 새로운 치료법과 진단법을 수용하는 것에 유연한데 반해 한방병원의 경우 아직까지도 동의보감이나 황제내경 등 최근의 지식과는 거리가 먼 이론을 바탕으로 진료하는 점도 큰 차이라고 생각해요. 과학은 계속해서 발전하고 있고 몇 달 간격으로 새로운 의학 지식을 다룬 논문들이 나오고 있는데, 이전의 데이터만을 맹신하고 그대로 따르는 것은 바람직하지 않다고 생각해요.

구체적으로 어떤 일을 하나요?

[편] 구체적으로 어떤 일을 하나요?

[조] 과거에는 주로 몇 가지 안질환을 검사하고 치료했으나 20세기 후반에 들어서면서 의학이 발달함에 따라 안과의사가 하는 일이 더 많아졌어요. 가장 대표적인 것이 라식, 라섹과 같은 시력 교정술이죠. 황반변성 환자들에 대한 치료법이 획기적으로 개선되어 최근 10년간 눈부신 발전을 이루었고요. 또한 십수 년 전만 해도 눈 속에 치료약을 직접 주사하는 것은 보기 힘든 광경이지만, 요즘에는 눈 속에 주사를 맞는 환자들이 굉장히 많죠. 최근 뉴스에서는 인공 망막을 이식하는 수술에 대한 보도도 있었고요.

개원가에 있는 안과의사들은 주로 결막염이나 건조증, 백내장, 안검질환 등 유병률이 높은 질환을 진단하고 치료하거나, 눈에 대한 기본 검진, 시력검사와 안경 처방 같은 일을 하고 있어요. 전문병원에서는 안과 전문의 수련 외에 세부분과 수련 즉, 펠로우 과정을 마친 분과 전문의들을 중심으로 좀 더 깊이 있는 처치가 이루어지죠. 하지만 전문병원이라고 해서 모든 안질환을 다 잘 치료하는 것은 아니에요. 흔한 질

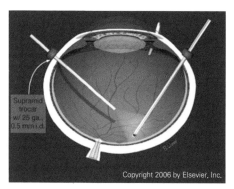

망막 수술 모식도   눈 속에 직접 주사

환들은 집 근처의 경험 많은 의사들이 더 잘 보는 경우가 많죠. 이야기가 잠시 옆길로 샜네요. 마지막으로 종합병원이나 대학병원의 안과의사들은 환자 진료와 수술 외에 연구에도 많은 시간을 쏟고 있어요. 학회 조직의 운영에도 많은 시간을 보내고 있고요. 거기다 논문을 쓰거나 의과대학생과 전공의들의 교육에도 노력을 기울이는 등 여러 일들을 하고 있죠.

편. 진료 분야가 세부적으로도 나뉘어 있나요?

조. 요즘은 모든 전공과목이 점점 세분화되어가고 있는 추세예요. 새로운 연구와 발견이 계속되며 관련 분야의 지식이 매

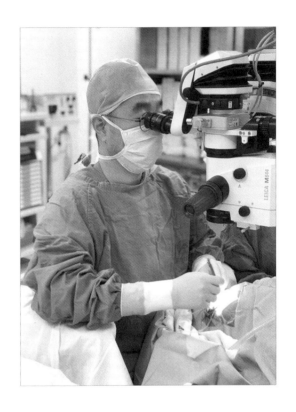

우 방대해졌고, 이를 한 번에 다 알 수는 없기 때문에 세분화
해 다루고 있는 것이죠. 안과의 경우 눈 주변 조직 즉 눈꺼풀
과 눈물샘, 눈물 배출길, 눈을 감싸고 있는 눈 주변 뼈를 다루
는 성형안과, 눈의 앞부분인 각막과 결막 등에 발생하는 질환

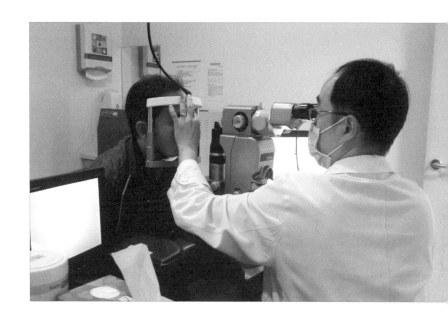

을 다루는 각막 분과, 시신경 손상에 의해 시야가 점점 좁아
져가는 녹내장을 다루는 녹내장 분과, 소아 안질환과 사시 등
눈 신경과 관련된 질환을 다루는 소아-신경안과, 눈의 안쪽
구조인 포도막과 망막의 질환을 다루는 망막 분과가 있어요.
안과 전문의라면 기본적인 질환의 경우 세부분과에 관계없이
다 알고 있어야 하고요.

편 업무의 영역은 어디까지인가요?

조 원칙적으로 의사면허가 있으면 모든 질환에 대한 진료와 처치를 할 수 있어요. 하지만 해마다 각 분야의 수많은 논문들이 쏟아져 나옴에 따라 치료 방침이 개선되기 때문에 공부를 게을리하면 뒤처질 수밖에 없어요. 또한 풍부한 임상경험이 없으면 환자를 제대로 치료할 수 없으니 가능한 본인이 아는 범위 안에서만 진료하고 치료하죠. 저도 공중보건의사로 근무할 때에는 고혈압이나 당뇨, 관절염 등을 진료하고 치료했지만 요즘에는 하지 않아요. 당시에는 그 분야에 대해 꾸준히 교육받고 관련 공부도 했지만 요즘은 안과의 최신지견을 공부하기에도 바빠 안과 외의 질환은 다른 전문의 선생님들에게 맡기고 있어요.

선생님은 어떤 분야에 관심이 있으신가요?

편 선생님은 어떤 분야에 관심이 있으신가요?

조 종합병원과 대학병원에 있을 때에는 망막 전문 의사로 일했기 때문에 해당 분야에 대한 연구를 많이 했어요. 열 달을 다 채우지 못하고 출생한 미숙아의 경우 외부 세계의 산소에 빨리 노출되어 망막 혈관에 장애가 생기기도 하는데, 이를 미숙아 망막병증이라고 해요. 동물실험을 통해 이 병의 기저를 밝히고 치료법을 연구하는 논문으로 박사학위를 받았죠. 종합병원이나 대학병원에서 일하는 교수인 경우 일주일 중 하루 이틀 정도는 연구와 논문 작성을 위한 시간을 주는데요. 개원의가 되면 연구를 할 수 있는 시간과 환경이 충분하진 않아요. 거의 일주일 내내 환자를 진료하기 때문이죠. 임상 논문에 관심이 많은 의사인 경우 시간을 내어 연구를 하는 분도 꽤 있지만요. 저 역시 요즘은 거의 연구를 하지 못하고 있어요. 주사나 약물에 대한 반응, 그 반응과 검사 및 치료 결과를 연결 지어 분석하는 임상 연구 논문을 쓰려고 노력하고 있긴 한데, 현재 개원한지 얼마 되지 않아 해야 할 일들이 많고 시간을 내기가 힘들어서요.

안과의사가 주로 사용하는
의료 도구에는 어떤 것들이 있나요?

편 안과의사가 주로 사용하는 의료 도구에는 어떤 것들이 있나요?

조 가장 기본적인 장비는 안과의사의 청진기라고 할 수 있는 세극등 현미경이에요. 눈을 검사할 수 있는 검안기라고 보면 돼요. 의사는 환자의 얼굴을 세극등 현미경 위에 올려놓고 눈을 벌려서 눈 속을 들여다보게 되죠. 환자의 눈을 확대해 밖에서 보이는 각막이나 눈꺼풀, 결막, 공막, 수정체, 홍채 등을 보거나 렌즈를 덧대 눈 뒤쪽에 있는 망막을 자세히 살펴보기도 해요. 눈 속을 들여다볼 때 사용하는 다양한 렌즈도 있어요. 눈 속의 어느 부분을 보느냐에 따라 각각 다른 렌즈를 사용하거든요.

그 외에도 수많은 검사 장비가 있어요. 안압을 재는 안압 측정기, 각막의 곡률을 재는 각막 곡률계, 망막의 사진을 찍는 안저 촬영기, 망막 주변부까지 360도로 촬영할 수 있는 광각 안저 촬영기, 눈 속 혈관의 분포를 보고 혈관의 질환을 찾아내는 형광 안저 검사기, 녹내장 검사에 주로 사용되는 시야

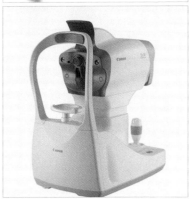

안압 측정 도구

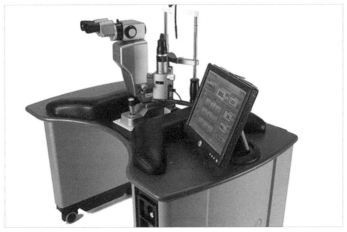

레이저치료기

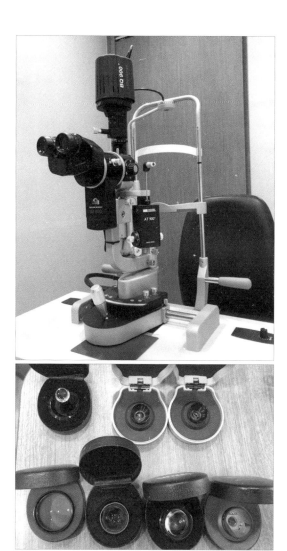

세극등 검안경과 여러 가지 렌즈

검사기, 시신경의 문제를 찾는 시유발 전위도 검사기, 망막의 기능을 평가하는 망막 전위도 검사기, 눈 속을 미세한 단면으로 잘라서 볼 수 있는 최첨단 장비인 광간섭 단층 촬영기, 각막의 내피 세포를 촬영하는 내피 세포 측정기, 안구의 길이를 재는 안축장 검사기, 눈에 피가 나거나 각막에 혼탁이 있는 경우 또는 눈 뒤쪽이 관찰되지 않을 때 사용하는 초음파 장비, 눈의 굴절을 검사하는 굴절 검사기 등 안과에서 검사를 위해 사용하는 장비는 굉장히 많아요. 수술 현미경, 레이저, 백내장 수술 기계, 유리체 절제 수술 기계, 라식 수술 기계 등 수술을 위한 장비도 여러 가지고요.

병원에서 함께 일하는 직원들의
업무에 대해서도 두루 알아야 하나요?

 편 병원에서 함께 일하는 직원들의 업무에 대해서도 두루 알아야 하나요?

 조 종합병원에서 일하다 보면 자기 분야의 전문성을 확보하기 위해 매우 바쁠 수밖에 없어요. 외래 진료나 수술, 연구와 논문 작성, 보직 업무를 하기에도 벅찬데 워낙 희귀한 환자도 많아 해당 환자를 치료하기 위한 노력도 필요하거든요. 개원의가 되면 진료나 수술 외의 업무가 더 많아져요. 직접 병원을 운영해야 하니 사업자 등록부터 건물 계약, 장비 구입, 보험 청구, 직원 관리 등 종합병원에 있을 때에는 행정 직원들이 하던 일까지 모두 해야 하죠. 그래서 다른 직원들의 업무까지 세세하게 알기는 어려워요. 그렇지만 종합병원의 봉직의든 개인병원의 개업의든 의사라는 일은 병원에 홀로 존재할 수 없는 직업이기 때문에 함께 일하는 직원들에 대한 관심과 이해의 폭을 넓게 가진다면 좀 더 원활한 병원 생활을 할 수 있겠죠. 다른 직종의 구성원들을 이해하지 못하고 독불장군처럼 일한다면 사람들을 힘들게 하거나 조직 전체의 분위기를 엉망으로 만들 수 있으니까요.

편. 병원 내에서 이루어지는 협업에 대해 이야기해주세요.

조. 종합병원에서 이루어지는 협업은 의사 직종과 비의사 직종과의 협업이 있을 수 있어요. 예를 들어 의사로 이루어진 경영진들은 원무과나 보험과 등의 행정과 직원들과 협력하며 검사 체계나 입원환자의 관리 프로그램을 개선하는 협의를 하기도 하고, 낙상사고와 투약 오류 등 환자와 관련된 문제 발생 시 또는 사고 가능성 발견 시 대처 방법이나 예방 방법에 관한 회의를 하며 시스템을 발전시켜 나가고 있죠. 또한 간호사, 의료기사, 방사선기사 등의 직원들과 소통하며 관계를 더 나은 쪽으로 진전시키고 프로그램이나 시스템을 개선해 나가고 있어요.

개인병원에서는 그 모든 일들을 의사가 총괄해서 확인하고 통제하며 관리해야 해요. 종합병원에서 부서별로 세분화해 하던 일들을 모두 의사가 하는 것이죠. 그렇지만 세세한 분야까지 모두 관리하는 것은 힘들기 때문에 직원들과 조금씩 일을 나누게 되는데요. 예를 들어 보험을 청구하거나 환자의 예약을 잡아주고 예약 날짜를 알려주는 일, 수술 전에 주의사항을 알려주는 일, 환자에게 질환에 대한 안내문을 전달하고 관리 방법 등을 설명하는 일은 간호사나 접수 혹은 검사를 담당하는 직원과 나누어 하고 있죠.

눈을 다루다 보니 더 세심한
주의가 필요할 것 같아요.

편 눈을 다루다 보니 더 세심한 주의가 필요할 것 같아요. 어렵지 않으세요?

조 매우 어렵죠. 백내장 수술이나 망막 수술 등 눈을 다루는 수술은 아주 미세한 수술이에요. 신경이 곤두서는 일이죠. 조금만 손이 흐트러지거나 떨려도 환자의 상태에 나쁜 영향을 줄 수 있기 때문에 매우 세심한 주의가 필요해요. 긴장을 한 채 조금의 실수도 없도록 매우 조심스럽게 수술하고 있죠. 그렇지만 경험이 쌓일수록 그런 세심한 수술에 익숙해지기도 해요.

백내장 수술은 안과의사들 대부분이 하는 수술이지만 망막 수술은 안과 수련을 받고 전문의를 딴 이후 따로 세부전공을 한 사람들이 하는 수술인데요. 망막 전막을 제거한다든지 망막의 원공을 폐쇄시키는 수술을 하는 경우 현미경을 보면서 머리카락보다도 얇은 막을 집게로 집어 벗겨내기도 해요. 예전에는 주로 전신마취를 했지만 요즘에는 대부분 국소마취를 하는데, 환자가 조금만 눈을 깜빡인다든지 약간만 움

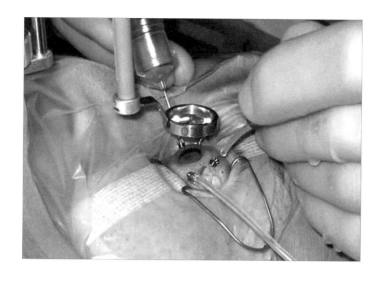

직여도 위험할 수 있어요. 그래서 아주 중요한 순간에는 숨조차 쉬지 않은 채 수술을 하기도 하죠. 상당히 어렵고 많은 수련을 필요로 하지만 힘든 만큼 수술이 잘 됐을 때는 환자에게 좋은 결과를 드릴 수 있어 행복하고 보람돼요.

언제부터 이 직업이 생겼는지 궁금해요.

편 언제부터 이 직업이 생겼는지 궁금해요.

조 의사라는 직업은 인류가 존재하면서부터 있지 않았을까요? 의료 행위, 정확히 말하자면 환자의 고통을 덜어주거나 병을 고치려는 행위는 인간이 존재하는 순간부터 있었을 테니까요. 예를 들어 아이가 배가 아플 때 엄마가 배를 문질러 주는 행위도 일종의 원시적인 의료 행위라고 볼 수 있죠.

편 안과의 역사와 발전도 궁금해요.

조 기록을 보면 고대 그리스 시대에 식물에서 추출한 성분으로 눈의 염증을 치료하려는 시도가 있었다고 해요. 아마도 이것이 최초의 안과 치료가 아닐까 싶어요. 안과의 발전에 획기적인 전기를 이룬 것은 세극등 검안경의 발명이라고 할 수 있어요. 1851년에 독일의 과학자인 헤르만 루트비히 페르디난트 폰 헬름홀츠Hermann Ludwig Ferdinand von Helmholtz가 검안경을 고안해 낸 이후로 안과의사들은 눈 속의 구조물들을 직접 확대해서 자세하게 들여다볼 수 있게 되었죠. 안과에서 가장 많이 하는 백내장 수술은 발와술이라는 형태로 현대 의학이 발전하기

전부터 시작되었어요. 백내장은 수정체가 혼탁해지는 병인데, 이 혼탁해진 수정체를 눈 속으로 떨어트려 밀어 넣어버렸던 것이죠. 그리디가 18세기 무렵부터 다비엘Daviel 등의 의사들이 눈 밖으로 백내장을 적출해내는 방법을 사용했어요. 요즘과 같이 초음파로 수정체를 잘게 부수어서 제거하는 초음파백내장유화술은 1961년 찰스 켈만Charles Kelman에 의해 개발되었고, 안과 수술의 최대 혁신으로 기록되고 있죠.

편 최초의 의사 또는 최초의 안과의사가 누구인지 아세요?

조 1만 7천년에서 2만 년 전에 제작된 것으로 추정되는 프랑스의 트로아 프레르 동굴벽화에는 동물의 탈을 쓴 주술사의 모습이 나오는데, 이 주술사가 아마도 최초의 의료인이 아니었을까요? 과학적 지식이 부족했던 고대에는 질환의 원인이 귀신의 저주이거나 신의 분노라고 생각했기 때문에 병을 고치기 위해 주술사를 이용했으니까요. 우리나라의 굿처럼 말이에요. 역사에 남아 있는 최초의 안과의사는 기원전 800년경 인도에 살았다는 Sushruta라는 사람이라고 해요. 76가지의 안과 질환에 대해 설명한 기록이 있으며, 백내장 수술에도 관심이 많았다고 하네요. 우리나라 최초의 안과의사는 홍석후라고 알려져 있어요. 1883년에 출생한 홍석후는 일제 강점기에 세브란스병원의학교를 졸업하고 한국 최초의 면허 의사들 중 한 명이 되었죠. 전문의 제도가 정착되지 않았던 시절, 안과·이비인후과 의사가 되어 환자들을 진료하였으며 조교수로서 학생들을 교육하기도 했어요. 최초의 안과 전문의는 공병우 박사로 기록되어 있어요. 공병우 박사는 일본으로 유학을 다녀와 안과 전문의 자격을 취득하였고, 공안과라는 안과 병원을 한국 최초로 설립하였죠. 이후 한글 학자 이극로 선생님을 만나 3벌식 타자기를 계발하는 등 한글 기계화에도 많은 기여를 하였고요.

외국의 안과의사와 다른 점이 있을까요?

편 외국의 안과의사와 다른 점이 있을까요?

조 대한민국의 의료수준은 세계적인 수준이에요. 다른 나라에 비해 전혀 뒤떨어지지 않죠. 오히려 앞선 수준의 기술을 보유한 분야도 있고요. 뇌나 위장관, 소화기 수술이나 간이식 분야는 세계 최고를 자랑하는 수술 성적과 의료진을 보유하고 있죠. 안과만 얘기하자면, 연구 분야에서만큼은 연구비가 많이 지원되는 미국을 따라잡기는 어려워요. 장비를 개발하는 기술력도 좀 뒤처지고요. 그렇지만 의료 장비야 수입해서 그들처럼 좋은 것을 쓰고 있으니 거기서 오는 차이는 거의 없죠. 치료 방법이나 수술, 의사의 실력, 치료 성적 등에서는 비슷하거나 앞선 수준을 유지하고 있고요. 오히려 한국 사람들이 워낙 손을 잘 쓰기 때문에 학회에 나가 수술 성적을 비교해보면, 우리나라 안과의사들이 굉장히 뛰어나다는 걸 알 수 있어요. 정리하면 선진국에 비해 전반적으로 연구개발에 대한 투자와 지원이 적어 아쉬운 환경에서 일하고 있지만 외국의 안과의사에 비해 수술 및 치료 실력이 떨어지진 않으며 오히려 앞서가는 분들도 많다고 할 수 있어요.

편 국내보다는 해외에서 더 좋은 대우를 받나요?

조 각 나라의 의료제도에 따라 대우가 다르겠죠. 캐나다나 영국은 의료보장을 중요하게 생각하기 때문에 의료의 공공성을 강화하는 정책을 펼치고 있어요. 그 결과 의료비가 낮아지면서 경제적인 면을 포함한 여러 면에서 우리나라보다 대우가 좋지는 못하다고 들었어요. 물론 그곳에서도 많은 사람들이 선호하는 직종이긴 하지만요. 미국은 의료비가 워낙 비싸기 때문에 의사의 급여 역시 높은 편이에요. 병원에서는 의사의 진료를 통해 상당한 수익을 올릴 수 있으니 높은 급여를 주면서 의사를 채용하는 것이 가능하죠. 국내와 비교하면 몇 배나 많이 받는다고 해요. 미국에서 의사들이 좋은 대우를 받는다는 것은 환자의 입장에서 볼 때 그만큼 의사를 만나기 어렵고 병원의 문턱이 높다는 뜻이에요. 환자들에게는 결코 좋은 일이 아니죠. 미국에서는 맹장을 절제하는 충수돌기염 절제 수술이나 간단한 상처 봉합 수술을 받는데도 한국의 몇 배나 되는 비용을 지불해야 한다고 하잖아요. 그런 면을 볼 때 저는 우리나라의 의료제도가 미국보다 훨씬 낫다고 생각해요.

편 우리나라의 의료제도는 어떤 방향으로 나아가야 할까요?

조 제가 의료제도를 전문적으로 공부하고 연구한 사람은 아니지만 한국의 의료제도는 결국 유럽의 사회주의적 의료세도와 미국의 자본주의적 의료제도의 절충 형태라고 생각해요. 두 가지가 잘 융화되었고 합리적이죠. 그렇긴 하지만 공공성을 조금만 더 강화하고 중환자들에 대한 보장 수준을 높이는 방향으로 나아간다면 더 좋은 제도로 정착할 수 있을 거라고 봐요. 특히 북유럽 같은 경우는 의료보장제도가 상당히 잘 구축되어 있어서 국민들이 질병에 대한 치료나 비용 걱정을 거의 하지 않는다고 해요. 그렇지만 그런 식으로 공공성을 지나치게 강화해서 의사들의 자율성을 저해하게 되면 연구나 신약 개발에 대한 제한이 있을 수 있죠. 그런 문제가 발생 가능하나 의료라는 게 환자의 생명을 살리고 국민들의 복리를 증진하는 것이기 때문에 문제에 대한 대책을 강구하고 의료보장을 강화하는 쪽으로 가는 게 바람직하다고 생각해요.

남녀 비율은 어떻게 되나요?

편 남녀 비율은 어떻게 되나요?

조 제가 의과대학을 다닐 때에는 여학생의 비율이 그렇게 높지 않았어요. 30~40% 정도로 절반이 안 되었는데요. 최근 남녀 비율을 보면, 점점 여자 의사의 비율이 높아지는 추세예요. 여성의 사회진출이 늘어감에 따른 자연스러운 현상이며 바람직한 방향이죠. 의사 사회 내에서 뿌리 깊은 남녀 차별이 아예 없다고는 할 수 없지만, 의사는 성별과 상관없이 능력으로 평가받을 수 있는 직종이라고 생각해요.

편 수요는 많은가요?

조 안과의사에 대한 수요는 많아요. 안질환 등으로 고생하는 환자가 매우 많은데, 환자 수에 비해 아직까지는 의사 수가 부족한 편이거든요. 다른 의사에 비해서도 수요가 많은 편이고요. 안과는 전공하지 않은 의사가 다루기 어려운 독립된 분야이기 때문이죠. 예를 들어 정형외과나 피부과의 경우 해당 전문의 자격을 취득하지 않더라도 그 분야를 어느 정도 공부한 후 개원하는 경우를 종종 보기도 하는데요. 안과의 경우 전문의를 취득하지 않고 진료하는 경우는 거의 없어요. 그만큼 독특한 분야라 의사 직종 내에서도 다소 독보적인 위치를 차지하고 있지 않나 생각해요.

편 현역에 있는 안과의사는 몇 명인가요?

조 현재 일하고 있는 안과의사의 정확한 수를 알진 못해서 대한안과학회 홈페이지에 들어가서 검색을 해봤어요. 회원이 한 4,500명 정도 되는 걸로 나와 있지만 현역에 계신 분들이 어느 정도 되는지는 나와 있지 않네요. 4,500명 중 1번부터 1,000번까지의 의사는 은퇴를 하셨을 것 같아요. 그 나머지 중 상당수가 현역에 있지 않을까요?

미래에도 필요한 직업인가요?

편 미래에도 필요한 직업인가요?

조 인간의 평균 수명이 길어지면서 우리나라 역시 2018년에 고령화 사회에 진입했는데요. 고령화에 따른 안질환이 점점 늘어나고 있기 때문에 국민들의 눈 건강을 책임질 안과의사는 계속해서 필요하겠죠. 고령화와 관련된 안질환으로는 노안과 백내장, 황반변성 등이 있어요. 노안은 나이가 들수록 가까운 거리에 있는 물체가 잘 보이지 않는 상태를 말해요. 백내장은 수정체가 혼탁해지면서 시야가 뿌옇게 보이는 증상으로 노화로 인해 생기는 질환이라 평균 수명이 늘어나면 대부분의 사람들에게서 발생할 가능성이 높죠. 황반변성은 황반이 노화되어 발생하는 질환으로 60대 이상에서 주로 발병하는데요. 황반의 기능이 떨어지면서 시력이 감소되고 심할 경우 시력을 완전히 잃을 수도 있어요. 최근 실명의 가장 큰 원인이 바로 이 황반변성이죠. 이러한 노인성 안질환은 물론 눈과 관련된 질환을 치료하기 위해 안과의사는 미래에도 당연히 필요하다고 생각해요.

편 전망에 대해 어떻게 생각하시나요?

조 최근 의료에 대한 관심과 더불어 환자들의 권리의식이 높아지면서 의사와 대등한 입장을 요구하고 의료과오나 의료사고 발생 시 손해배상을 요구하는 일이 많아지고 있어요. 시대의 흐름상 이런 상황은 더 늘어날 거라 예상되기 때문에 의료 행위를 함에 있어 의사들은 더 조심스러울 수밖에 없고, 실제 이런 문제에 직면한 경우 꽤 시달릴 수도 있겠죠. 어쩔 수 없는 불가항력의 상황이었거나 과실이 없었음에도 불구하고 그 진위 여부를 가려야 하는 일이 많아지는 현상은 이 직업의 전망을 다소 어둡게 하는 요인이 될 수 있어요. 그렇지만 전반적으로 진료와 복지 수요가 꾸준히 증가하고 있으며, 수명이 늘어남에 따라 의료와 건강에 대한 관심도 늘어나고 있어 의료시장은 점차 확대될 거라 생각해요.

편 의료 서비스에도 많은 변화가 생겼어요. 실제로 국내에서도 인공지능 시스템인 왓슨이 도입되어 진료를 시작했죠. 앞으로는 인공지능 기술이나 로봇이 의사를 대체한다는 얘기도 하고요. 어떻게 대비해야 할까요?

조 해마다 서울아산병원에서는 전공의들을 대상으로 프로그램을 진행하고 있는데, 제가 거기서 3년째 강의를 해오고 있어요. 올해 주제는 의사와 환자의 관계에 대한 것으로 강의 마지막에 강조했던 점이 바로 왓슨에 대한 이야기였죠. 어떤 미래학자들은 전망을 얘기하면서 가장 먼저 사라질 직종 중 하나로 의사를 꼽아요. 환자를 진단하고 처방을 내리는 일은 프로그램에 의해 충분히 가능할 것이라는 거죠. 실제로 IBM에서 개발한 왓슨의 경우 진단율이 상당히 높으며, 임상에서도 많이 쓰이고 있어요. 국내의 몇 군데 병원에서도 도입해 사용 중이고요. 2016년 MIT 경영대학원 앤드류 맥아피 교수가 다보스 포럼에서 이런 얘기를 했죠. 기계와 벌이는 경쟁에서 가장 위험한 직업은 고소득 화이트칼라, 특히 의사와 같은 고소득 전문 직종이 될 거라고요. IT 자문기관의 스티븐 프렌티스 가트너 부사장 역시 5년 후에는 인공지능이 의료와 법률, IT 전문가를 대체할 것이라고 말했고요. 그렇지만 저는 이러한 의견에 전혀 동의할 수가 없어요.

왜 그런지 같이 생각해볼까요? 이 책을 읽는 학생들은 의사의 역할을 어떻게 정의할지 궁금해요. 여러분들이 의사에 대해 생각할 때 그들을 단순히 진단 결과를 해석하고 그 결과에 따라 적절한 치료법만을 제시하는 사람이라고 여긴다면

인공지능이 의사의 역할을 대체하는 것이 가능하다고 보겠죠. 하지만 의사라는 직업은 단순히 환자의 검사 수치를 해석해 진단을 내리고 약이나 주사를 처방하는 존재는 아니에요. 의료는 과학으로만 이루어진 않았죠. '의료는 과학과 영혼의 결합이다'라는 말이 있는데, 저는 이 말을 참 좋아해요. 의사는 과학을 이용해 환자를 치료함과 동시에 환자 개개인의 감정을 돌보며 그들의 생사를 다루는 직업이라는 뜻이겠죠. 인공지능은 각각의 환자에 맞게 순간순간 대처하거나 그들의 감정에 공감할 수 없잖아요. 예를 하나 들어 볼세요. 말기 암 환자가 있어요. 암을 정복하기 위해서는 특수한 항암제를 투여해 암세포를 치료하는 게 가장 확실한 치료법으로 인정받고 있는데요. 그렇다면 인공지능은 어떤 경우든 항암제를 투여하겠죠. 이 환자가 치료를 하면서 겪게 될 괴로움이라든지 항암제 투여로 인해 여생을 고통 속에서 힘겹게 보내는 게 과연 좋을 것인지 등은 고려하지 않아요. 인간 의사만이 환자와의 대화를 통해 환자가 진정으로 바라는 바가 무엇인지 파악하고 판단할 수 있죠. 암 환자라고 해서 무조건 치료를 원하는 것은 아니에요. 말기 암 환자라면 항암제 때문에 지치고 힘든 것보다는 몸이 상하지 않은 채 가족들과 시간을 보내는 선택을 할 수도 있죠. 이러한 환자 개개인의 상황을 고려하고 그들의 의견을 존중해 배려하는 것은 인공지능이 할 수 없다고 생각해요.

의사는 진료 외에도 질환에 대한 연구를 수행하고 실험을 하면서 치료법을 개발해요. 우수한 실험 논문을 분석하고 그 논문을 바탕으로 새로운 치료법을 창출해내기도 하고요. 또한 의과대학 학생들을 교육하는 일도 해요. 의술뿐만 아니라 환자를 대하는 태도와 의사로서의 바람직한 자세를 가르치며 인격을 길러주죠. 이런 일 역시 의사의 일인데, 그 모든 걸 인공지능이 다 할 수 있을지는 의문이에요. 마치 인간처럼 감정을 느끼고 제가 제기한 문제점을 모두 해결한 인공지능이 개발된다면 가능하겠지만, 그건 아주 먼 미래의 일일 것 같네요. 여러분은 어떻게 생각하시나요?

안과의사가
되는 방법

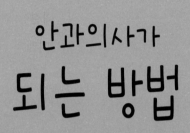

Ophthalmology

안과의사가 되려면 어떤 과정이 필요한가요?

편 안과의사가 되려면 어떤 과정이 필요한가요?

조 의사가 되는 방법에는 두 가지가 있어요. 하나는 의과대학에 들어가 예과 2년, 본과 4년 과정을 마치고 의사국가고시에 응시하는 것이죠. 시험에 합격하면 의사면허가 나와요. 다른 하나는 4년제 일반대학을 졸업하고 의학전문대학원 4년 과정을 마치고 의사국가고시에 응시해 합격하는 것으로 의과대학에 진학했을 때보다 2년의 시간이 더 걸리겠죠. 저는 의학전문대학원이 생기기 전에 학교에 다녀서 의과대학에 들어가 공부를 하고 의사면허를 취득했어요.

의과대학의 예과 2년 동안 의대생은 의사가 되기 위해 필요한 기초과목과 교양과목을 배워요. 생화학이나 물리학, 생물학과 같은 자연과학은 필수이며 미적분과 같은 수학 과목도 배우죠. 다른 과에서 개설한 음악이나 예술, 문학, 경제학, 법학 관련 강의를 듣기도 하고요. 그 후 본과에 들어가면 본격적인 의학 수업을 받게 되죠. 해부학이나 조직학, 병리학, 미생물학, 기생충학, 바이러스학, 생화학, 생리학과 같은 기초의학부터 시작해 심장학, 신장학, 뇌신경학, 두경부학, 안과학 등 세부적인 과목들을 배워요. 학교마다 다소 차이는 있겠지만 대부분은 본과 1, 2학년 때까지 이런 과정을 거치고 3, 4학년 때는 임상실습을 나가게 돼요. 실제 병원에서 실습을 하며 환자를 보다가 4학년을 마치면 의사국가고시에 응시해요. 대학의 모든 과정을 이수했으니 일반대학을 나온 것과 같은 학사 학위가 나오고, 시험에 합격하면 의사면허증도 나오겠죠.

의사면허를 따면 모든 의료기관을 개설하고 의료 행위를 할 수 있는 자격이 생겨요. 그렇지만 의학 분야가 계속해서 발전하며 고도로 전문화되어가고 있기 때문에 의과대학 6년 또는 의학전문대학원 4년 과정을 마친 것만으로는 환자를 보는데 무리가 있죠. 그래서 인턴 1년과 레지던트 4년이라는 수련과정이 생겼어요. 내과의 경우 최근에 레지던트 과정을 3년으로 단축했고요. 레지던트 과정까지 마치면 전공을 선택해 전문의 시험을 볼 수 있고, 합격하면 해당 전공의 전문의 자격을 취득하게 돼요. 여기서 안과 전공을 택해 전문의 시험에 응시, 합격하면 안과의사로 일할 수 있겠죠. 여기서 더 깊이 있는 연구를 하고 싶다면 분과 전문의 과정에 들어가기도 하는데, 그런 분들을 펠로우 혹은 임상강사라고 해요. 펠로우의 수련 과정은 1년에서 3년 정도인데, 길게 하는 분은 4년까지 하기도 하죠.

📧 외국의 의과대학 졸업자가 한국에서 의사면허를 취득하려면 어떻게 해야 하나요?

조 보건복지부 장관이 자격을 인정하는 외국의 의과대학이 따로 있어요. 작년에 보고된 발표에 따르면 123개의 대학이 있는데, 그 대학을 졸업한 사람은 대한민국의 의사국가고시에 응시할 수 있죠. 그런데 합격률이 그렇게 높지는 않다고 하네요. 작년도 기사에 따르면 한국의 의과대학을 졸업한 경우 합격률이 95% 내외인데, 외국의 의과대학을 졸업한 사람들의 합격률은 64%라고 해요. 그중 개발도상국 의과대학을 졸업한 경우의 합격률은 20% 미만에 그쳤고요.

📧 나이 제한이 있나요?

조 의사국가고시에 응시하는데 나이 제한은 없어요. 제가 1993년에 의과대학에 입학했는데, 당시 1980년도에 학생운동을 하다가 제적당했던 선배들이 국가의 복적 허가로 인해 다시 학교로 돌아온 적이 있었어요. 나이 제한이 따로 없다

보니 저희들보다 10살 정도 많은 선배들도 함께 공부를 하고 졸업 후 의사면허를 취득할 수 있었죠.

편 개업의가 되는 과정도 궁금해요.

조 의료법에는 의료기관을 개설할 수 있는 자격을 의사면허가 있는 사람 또는 국가나 지방자치단체, 의료법인 등으로 제한하고 있기 때문에 개업의가 되려면 의사면허가 있어야 하죠. 그럼 의사인 동시에 사업자가 되는 것이고요. 가장 먼저 할 일은 병원이 될 장소를 선정하는 일이에요. 병원에 들여놓을 의료 장비와 검사 장비도 구비해야 하고요. 기본적인 자금 운용 계획도 세워야겠죠. 병원에 장비가 모두 갖추어지면 그때 보건소를 통해 의료기관 개설 허가를 신청해요. 허가가 나면 관련 장비들을 건강보험심사평가원에 등록해야 하고요. 그래야 장비를 이용한 검사에 보험을 청구할 수 있거든요. 마지막으로 함께 일할 직원을 채용하면 이제 병원 문을 열고 환자를 보면 되는데, 이렇게 말로 하니 간단해 보이지만 실제로 개업을 해보면 쉽지만은 않아요.

병원 위치나 장소를 선정하는 일만 해도 입지 등 고려할 사항이 매우 많고, 동업을 할 경우 동료 의사와 의견을 조율

하는 일 등 단계마다 신경을 써야 할 것이 꽤 있거든요. 요즘 병원에서는 고가의 장비들이 많이 쓰이기 때문에 장비 구입에 들어가는 자금 비율이 높아 어떻게 비용을 마련할지도 고려 대상이에요. 특히 안과 같은 경우 검사 장비나 수술 장비, 첨단 장비가 워낙 많아 부담이 되는 경우가 많은데, 그런 경우 대출을 받을지 리스를 이용할지 결정해야 하죠. 직원을 고용한 후에도 급여와 급여에 따른 각종 수당, 퇴직금, 4대 보험 등 처리해야 할 일이 많아요. 수익 발생 시 세금을 내야 하기 때문에 규정에 맞게 합리적으로 관리할 수 있도록 세무 분야 공부도 해야 하고요. 개업의가 되려면 이렇게 1인 4~5역까지 할 수 있어야 해요.

가장 인기 있는 전공은 무엇인지 궁금해요.

[편] 가장 인기 있는 전공은 무엇인지 궁금해요.

[조] 인기 있는 전공은 해마다 바뀌고 있어요. 제가 예과 과정에 있을 때엔 영상의학과가 인기였는데, 본과 4학년이 되자 영상의학과의 선호도가 훅 떨어졌어요. 전공의가 되자 정신과의 인기가 높아졌고요. 시기마다 부침이 있죠. 인기의 판도를 가르는 가장 중요한 요인은 건강보험심사평가원과 국가에서 정하는 수가 체계와 의료정책이에요. 앞서 얘기한 영상의학과가 부침을 겪었던 원인 역시 그런 이유 때문이었어요. CT나 MRI 기계를 구비하는 병원은 영상을 판독하는 의사를 반드시 둬야 한다는 규정이 생기고 판독료에 대한 수가가 신설되면서 수요가 급격히 늘었고 더불어 영상의학과의 인기도 높아졌죠. 그러나 곧 해당 전공 의사가 늘고 거의 모든 병원에 CT와 MRI가 들어오자 인기가 예전 같지 않아졌어요.

요즘은 점점 삶의 질을 중시하죠. 워라밸이라고 해서 일과 삶의 균형을 중시하는 경향이 강하고요. 많은 사람들이 직장을 구할 때 업무시간 외에는 자기 계발이나 취미 생활을 하면서 개인의 삶도 풍요롭게 유지할 수 있는가를 중요한 조건으로 생각해요. 그러니 아무래도 신경외과나 신경과, 흉부외과처럼 육체적으로 힘들고 시간을 많이 쏟아야 하는 전공은 인기가 별로 없죠. 산부인과의 인기도 점점 떨어지고 있어요. 다른 전공에 비해 상대적으로 의료 사고 발생 가능성이 높은 데다 사고가 생길 경우 의사가 감내해야 할 부분이 너무 크기 때문이죠. 또한 매년 출산율이 감소하다 보니 수요가 적은 것도 인기에 영향을 주고 있어요.

예전에 제가 안과 레지던트에 지원해서 시험을 볼 때에는 라식이나 라섹 붐이 한창이었기 때문에 지원자가 많았어요. 그 후엔 정재영이라고 해서, 정신과와 재활의학과, 영상의학과의 인기가 높았고요. 의대 졸업자 중에는 환자와 직접 대면하는 걸 꺼려 하는 사람이 꽤 있어요. 그런 사람들은 영상의학과를 선호할 수밖에 없죠. 또한 최근엔 영상 전송 기술이나 인터넷이 발달하면서 재택근무가 가능해졌는데, 굳이 병원에 출근하지 않아도 되는 것도 이점이 될 수 있고요. 그렇지만 최근 인공지능 기술이 발달하면서 인공지능 컴퓨터가 영상을 판독하는 기술이 점차 개발되고 있기 때문에 영상의학과의 전망은 좀 더 두고 봐야 할 것 같네요. 정신과나 재활의학과는 수가 문제와 연관이 있을 거라 생각해요. 안과나 피부과, 성형외과의 경우 10년 전만큼 인기가 많지는 않지만 어느 정도 안정적으로 운영할 수 있어 인기 있는 편이고요.

히포크라테스 선서의 내용도 궁금해요.
언제 하는 건가요?

편 히포크라테스 선서의 내용도 궁금해요. 언제 하는 건가요?

조 히포크라테스 선서는 고대의 의료 윤리 지침으로 의료업에 종사하는 일원으로 인정받는 이 순간, 나의 생애를 인류 봉사에 바칠 것을 엄숙히 서약한다는 말로 시작해요. 은사에 대해 존경과 감사를 드리고, 양심과 위엄으로 의술을 베풀고, 환자의 건강과 생명을 첫째로 생각하며, 환자의 비밀을 지키겠다는 등의 내용이 포함되어 있고요. 그런데 오늘날의 의사들은 이 선서를 하지 않아요. 매우 오래전에 만들어진 지침이라 아무래도 전반적인 내용이 요즘의 현실과 다소 차이가 있기 때문이죠. 그런 이유로 의사들은 의과대학의 졸업식에서 히포크라테스 선서를 현실에 맞게 개정한 의사 선언문으로 맹세하고 있어요.

편 의사들은 실제로 의사 선언문의 내용을 지키고 있나요?

조 모두가 다 지키지는 않는다고 생각해요. 실제로 주변에서 양심적으로 진료하지 않는 의사를 가끔 보거든요. 그렇지만 그런 경우는 일부이고, 대부분의 의사들은 의학 윤리를 지키기 위해 노력하고 있어요. 의학적 지식과 의술을 통해 인류에게 봉사하고, 무엇보다 환자의 건강을 위해 애쓰고 있죠. 진료 시 알게 된 환자의 비밀을 지키며, 종교나 국적, 인종, 지위 등으로 환자를 차별하는 일도 없고요.

꼭 관련 학과를 졸업해야 하나요?

편 꼭 관련 학과를 졸업해야 하나요?

조 네. 반드시 의과대학 혹은 의학전문대학원을 졸업해야 해요. 고등학교 졸업 후 바로 의과대학에 진학하거나 일반 4년제 대학 졸업 후 의학전문대학원에 진학해 모든 과정을 이수해야 하죠. 의학전문대학원의 경우 학사학위의 계열이나 전공에 제한을 두는 곳이 있어요. 이과나 문과, 어문, 자연, 공학 등 어떤 계열이든 상관없이 문호를 개방하는 대학원도 있지만 그렇지 않은 대학원도 있으니 반드시 자신이 지원하려는 곳의 입시요강을 확인할 필요가 있겠죠. 대학 졸업 후 대학원에 가려는 학생이라면, 아무래도 자연 계열 전공자들이 의학 기초과목을 이해하는데 유리하기 때문에 가능하면 관련 학과에 진학하는 것이 나을 거라고 생각하고요.

편 의과대학 입시를 위해 어떤 준비를 해야 할까요?

조 대한민국의 의과대학 경쟁률은 매우 높죠. 수도권뿐만 아니라 전국에 있는 모든 의과대학이 다 그렇기 때문에 치열한 입시 경쟁을 통과하기 위해선 일단 학교 성적이 좋아야 해요.

수시든 정시든 좋은 성적을 유지하는 게 가장 중요하죠. 학업 역량 평가가 중심이 되고 자기소개서나 일반 면접 등으로 학생을 선발하는 곳이 많긴 하지만, 점차 상황 면접 등을 통해 인성이나 의사의 자질을 평가하는 곳이 늘어나고 있어요. 면접의 중요성이 대두되는 만큼 이에 대한 준비도 빈틈없이 해야겠죠. 최근 교육부에서는 다시 정시의 비중을 확대한다고 발표했는데요. 그럼에도 여전히 수시의 비중이 정시 보다 높다 보니 그에 맞는 준비를 철저히 하는 게 좋을 것 같아요.

편 경쟁력을 갖추기 위해 대학에서 어떤 활동을 하는 것이 좋을까요?

조 의과대학에 입학한 학생에게 인생을 즐길 수 있는 때는 예과 시절과 군의관 시절뿐이라는 말을 종종 들었어요. 의대에 들어가면 해야 할 공부도 각 과목별로 치러야 하는 시험도 굉장히 많거든요. 거기다 의사국가고시 준비도 해야 하는데 다른 활동을 하기는 좀 버거울 수 있죠. 그렇지만 지금까지 15년간 의사로 일해 보니 대학 때야말로 공부 말고도 다양한 경험을 해보는 것이 필요한 시기라는 생각이 들어요. 당장 의사가 되는 데에는 도움이 되지 않을 수도 있지만, 많은 경험을 통해 자신의 삶을 풍요롭게 만들어 보는 것은 의사가 되는 것만큼 중요하다고 생각하니까요. 직업인으로서의 의사를 넘어 좋은 의사, 좋은 시민, 좋은 가족, 좋은 친구가 되는 것도 의미 있는 일이라고 생각한다면, 가능한 여러 경험을 하며 많은 사람들과 교류하고 소통할 수 있는 기회를 만들어갔으면 해요. 의과대학에 들어가 인턴, 레지던트, 펠로우 과정을 쭉 거치다 보면 인간관계의 범위가 매우 좁아지게 되더라고요. 비슷한 사람들 사이에 있다 보니 생각의 폭이 좁아지기도 하고, 병원에만 너무 많은 시간과 열정을 쏟다 보니 사회적으로 고립될 가능성도 많고요. 바쁜 수련 과정에서도 시간을 내어 사람들과 교류하며 사회와의 끈을 만들어놓으면 다른 집단과의 유대관계를 놓치지 않을 수 있겠죠.

편 어떤 과목을 배우는지 궁금해요.

조 먼저 예과에서는 전공필수로 화학과 생물학, 물리와 같은 자연과학 학문을 배우게 돼요. 교양필수로 문학이나 경제학, 법학, 체육, 예술 등의 과목을 본인의 관심사에 따라 선택해 공부하게 되고요. 본과에 올라가면 미생물학과 기생충학, 해부학, 병리학, 조직학, 생리학, 생화학, 의료관리학 등의 기초의학 과목을 배우고, 산부인과, 소화기내과, 심장내과, 안과, 영상의학과 등의 임상 과목을 공부하죠. 학교에 따라 본과 3학년이나 4학년이 되면 실제 병원에서 각 과를 돌며 임상 실습을 하게 되고요.

학창시절에는 어떤 준비를 하면 좋을까요?

편 학창시절에는 어떤 준비를 하면 좋을까요?

조 앞에서도 얘기했지만 학생 때에는 무조건 열심히 공부해야 해요. 의사가 되려면 가장 먼저 의과대학의 좁은 관문을 통과해야 하니까요. 제가 입학할 때도 그랬지만 요즘에는 경쟁이 더 치열하다고 들었어요. 제가 이런 얘길 하면 간혹 공부를 얼마나 많이 해야 의대에 들어갈 수 있는지 묻는 사람들이 있는데요. 이 질문만큼 이상한 질문은 없다는 생각이 들어요. 공부를 하는 시간이 많다고 공부를 잘하는 건 아니잖아요. 천천히 계속해서 보는 것이 잘 맞는 사람도 있고, 고도의 집중력을 발휘해 짧은 시간 동안 효율적으로 공부하는 사람도 있죠. 각자 본인만의 공부 방법이 있기 때문에 자신에게 맞는 방법으로 뚜렷한 목표를 향해 열정을 가지고 나아가는 것이 공부하는 시간보다 훨씬 더 중요해요. 저 역시 의대 입시를 준비할 때 공부하는 시간을 늘리기 위해 무조건 잠을 줄이지는 않았어요. 충분한 수면을 취하지 않으면 집중이 잘되지 않는 편이라 고등학교 3학년이 되어서도 잠자는 시간을 줄이지 않았죠. 그렇다고 자고 싶을 때마다 실컷 잔 것은 아니고, 정해 놓은 시간에 자고 정해 놓은 시간에 일어나 규칙적으로 생활했어요. 컨디션 관리를 위해 새벽에 일어나 조깅과 체조도 했고요.

편 준비하는 과정에서 가졌던 마음가짐 혹은 특별했던 자신만의 공부 방법이 있다면 소개해주세요.

조 의사가 되고 싶다는 학생이 꽤 많지만 의사를 꿈꾸는 모든 사람들이 꿈을 이루는 것은 아니에요. 기본적인 능력에 차이가 있어서 그렇기도 하지만 마음가짐의 차이 때문이기도 하죠. 의사라는 꿈에 다가가기 위해선 의사가 되어야만 하는 명확한 이유가 있어야 하고, 그 목표를 향한 강한 열정이 있어야 해요. 의과대학에 가기 위해서도 입학 후 의사면허를 취득하기 위해서도 엄청난 양의 공부를 해야 하는 만큼 쉬고 싶거나 놀고 싶은 유혹을 뿌리치고 공부에 정진할 수 있는 끈기가 무엇보다 중요한데요. 그러려면 뚜렷한 목표의식과 식지 않는 열정이 필수거든요. 저 역시 의사라는 꿈 하나만 바라보고 공부에 매진했기에 여기까지 올 수 있었다고 생각해요.

그렇게 공부에 전심전력했지만 저만의 독특한 공부 방법이 있었던 건 아니었어요. 흔히 얘기하듯 학교 공부에 충실한

게 다녔거든요. 제가 어렸을 때는 학원이 많지 않아 학교 수업 시간이 중요했기 때문에 매시간 집중해서 배운 것들을 충분히 이해하려고 노력했어요. 요즘은 하교 시간이 빨라졌지만 당시만 해도 오후 10시, 11시까지 공부를 시켰죠. 정규 수업 시간 이후의 시간을 자율학습 시간이라고 불렀는데, 그 시간은 선생님의 지도 없이 스스로 공부하는 시간이라 나름의 계획을 세웠어요. 어떤 과목을 공부할 것인지, 어떤 교재로 공부할 것인지, 어디서부터 어디까지 공부할 것인지와 같은 계획을 세워 충실히 따랐죠. 특별한 방법은 아니었지만 그래도 성실하게 꾸준히 공부했더니 꿈을 이루게 되었네요.

필요한 자격이 있나요?

편 필요한 자격이 있나요?

조 의사국가고시에 합격해 면허를 취득하면 의사로 일할 수 있어요. 그 외에 다른 자격은 필요 없죠. 물론 그 밖의 다양한 자격이나 능력이 있으면 공부나 일을 하는 데 도움이 되겠지만요. 예를 들어 파워포인트를 잘 다루면 학회 발표나 프레젠테이션을 할 때 유용하겠죠. 외국어 능력이 있으면 원서를 보거나 외국의 학회에서 발표자가 되었을 때 유리하겠고요.

외국어를 잘해야 하나요?

편 외국어를 잘해야 하나요?

조 의과대학에 가거나 의사면허를 취득하는 데 있어 외국어가 필수 조건은 아니지만 어느 정도는 할 수 있어야 해요. 의학 공부를 하다 보면 원서나 영어로 된 논문을 읽게 되는 경우가 많은데, 그럴 때 영어를 못하면 이해하기가 쉽지 않으니까요. 그렇지만 의학 관련 서적이나 논문의 문장들이 어려운 편은 아니기 때문에 엄청난 실력이 요구되는 것은 아니에요. 기본 실력이 있고, 열심히 또 꾸준히 읽다 보면 충분히 이해 가능한 수준이거든요.

어떤 자질을 갖추어야 하나요?

편 어떤 자질을 갖추어야 하나요?

조 제가 의대에 다니던 시절 존경했던 교수님이 의사의 자질에 대해 말씀하신 적이 있어요. 신경외과 교수님이셨는데, 외과의사가 갖춰야 할 덕목으로 매의 눈과 사자의 가슴, 여인의 손을 꼽으셨죠. 날카롭고 예민하게 번뜩이는 관찰력을 가지고 사물을 정확하게 들여다보고 판단하는 매의 눈, 두려움에 떨지 않는 과감하고 용감한 사자의 가슴, 부드럽고 섬세한 여인의 손을 지닌 채 어떠한 실수도 없이 치밀하게 수술해야 한다는 의미겠죠.

제가 생각하는 첫 번째 자질은 학습능력과 지적능력이에요. 공부를 하거나 최신지견을 이해하는데 반드시 필요한 요소죠. 기본적인 의학 지식 없이 환자를 진단하고 치료할 수는 없으니까요. 두 번째 자질은 사람을 좋아하는 성향이에요. 사람들과 이야기하며 소통하는 것을 꺼린다면 이 일이 상당히 피곤하게 느껴질 수 있거든요. 의사는 대부분의 시간을 아프다고 호소하고 불편한 것들에 대해 얘기하는 사람들을 상대해요. 그들의 이야기 하나하나에 귀 기울이고 적절한 대응을 해야 하는데, 사람과의 소통을 어려워하거나 사람 자체가 싫다면 이 일이 얼마나 힘들고 피곤하겠어요. 물론 환자를 직접 보지 않는 영상의학과의사나 병리학, 기초의학 연구자의 경우 그런 자질이 필요 없겠지만 우리가 흔히 생각하는 임상의사, 즉 환자를 직접 치료하는 의사가 되고 싶다면 사람을 좋아해야겠죠.

어떤 성격을 가진 사람들이 적합한가요?

편 어떤 성격을 가진 사람들이 적합한가요?

조 일단 꼼꼼해야 하죠. 조심스럽지 못하고 덜렁대는 성격이라면 의사와는 맞지 않아요. 꼭 필요한 처치를 빼먹고 하지 않거나 치료 도중 실수를 저지른다면 환자에게 큰 위해를 끼치게 되니까요. 그런 치밀한 성격에 사람들과 관계를 맺는 일에도 능숙한 사람이면 좋을 것 같아요. 앞서 얘기한 대로 의사는 매일 환자들을 만나야 하는 직업이라 사람들과 의사소통을 하고 유대관계를 맺어 나가는데 능한 사람이 이 일과 잘 맞을 것 같거든요.

유학이 필요한가요?

편 유학이 필요한가요?

조 한국의 대학병원이나 종합병원에서는 소속된 의사들에게 1년 정도 외국에서 최신 의학을 배울 수 있는 기회를 제공하고 있어요. 그런데 최근 들어 이와 같은 연수 제도를 폐지하는 추세예요. 외국에 1년 정도 있었다고 해서 국내에 있을

세계녹내장학회(World Glaucoma Congress), 녹내장 분과 전문의 선생님들과

때보다 특별히 더 많은 것을 배우는 게 아니라는 판단 때문이죠. 물론 우리보다 더 나은 몇몇 분야의 경우는 연수를 통해 새로운 학문을 배워오는 것이 의미 있겠지만, 임상 분야에서는 한국이 최첨단에 있기 때문에 연수나 유학이 꼭 필요하지는 않다고 생각해요.

안과의사가
되면

Ophthalmology

연봉은 어느 정도인가요?

편 연봉은 어느 정도인가요?

조 안과의사 전문의 자격을 취득하고 일반 병원에 취직하는 경우, 대학병원의 펠로우가 되는 경우, 개원을 하는 경우, 종합병원에서 일하는 경우 등 상황에 따라 연봉은 각양각색이죠. 병원의 규모가 큰지 작은지, 병원의 위치가 서울이나 수도권인지 지방인지에 따라서도 달라지겠고요. 언론에서는 일반 병원 봉직의의 연봉은 대략 1억 8,000만 원 정도라고 하더라고요. 대학병원의 펠로우가 되는 경우 이 기간은 수련 과정 중 하나이기 때문에 연봉이 1억 아래라고 하고요. 저 역시 당시 한 달에 600~700만 원 정도를 받았던 걸로 기억해요. 펠로우 과정을 마치고 임상조교수로 발령을 받았을 때에는 그보다 높은 연봉을 받았고요. 제가 다닌 병원의 경우 연봉이 높은 편이었고, 수술을 많이 한 편이라 성과급 비율이 높아서 초임 교수인데도 다른 곳보다 좀 더 많이 받았죠. 개원의의 경우 병원의 형태나 규모에 따라 연봉은 천차만별이에요. 수술을 많이 하는 큰 규모의 병원인지, 수술보다는 가벼운 질환을 주로 치료하는 병원인지에 따라 달라지겠죠. "음식점을 하면 돈을 얼마나 버나요?"라는 질문에 정확한 대답을 할 수 있는 사람은 아무도 없을 거예요. 개인병원 역시 마찬가지예요. 경영능력과 다루는 질환 그리고 의사의 개인 역량에 따라 모두 다르겠죠. 그래도 월급 받는 봉직의 보다는 수입이 나으니 개원을 하지 않을까요.

편 연봉 체계가 있나요?

조 개원의의 경우 매월 수익이 다르기 때문에 정해진 체계가 따로 없는 경우가 많아요. 예를 들어 휴가철인 7, 8월이나 휴일이 많은 달에는 상대적으로 수익이 낮아 월수입도 적어지겠죠. 반면 봉직의는 자신이 속한 병원의 규정에 따라 정해진 연봉을 받고 있어요. 그중에서도 대학병원의 봉직의라면 조교수나 부교수, 교수를 5년씩 하게 되는데, 그런 경우 각 단계별로 호봉이 오르게 되고요.

직급 체계는 어떻게 되나요?

편 직급 체계는 어떻게 되나요?

조 임상의사의 경우 인턴으로 시작해 레지던트, 펠로우의 단계를 밟아요. 인턴 기간은 1년으로 이 기간이 끝나면 여러 전공 중 하나의 과목을 선택해 레지던트로 진급하죠. 레지던트 과정은 3~4년이며, 이 과정이 끝나면 전문의 자격시험에 응시할 수 있어요. 시험에 합격해 전문의 면허를 취득했음에도 자신의 전공과목에 대해 좀 더 세부적으로 공부하고 연구하는 사람들이 있는데 이들을 펠로우라 부르죠. 대학병원에서 일하는 경우 이후 조교수와 부교수, 교수로 직급이 올라가요. 보직을 맡게 되면 분과 과장, 기획실장, 교육수련부장, 진료부원장, 원장 등의 추가적인 직급을 가지게 되고요. 반면 전문의 자격 취득 후 일반 병원에서 일하는 의사는 대부분 특별한 직급이 없어요.

주기적으로 적성검사는 받나요?

편 주기적으로 적성검사는 받나요?

조 적성검사는 받지 않는데, 전문의 자격을 취득한 후에도 매년 정해진 평점을 이수해야 해요. 평점을 이수하려면 학회나 심포지엄에 참가해야 하고요. 각종 학회에 참가해 평점을 받아야만 의사 및 전문의 자격을 유지할 수 있죠.

2011년 미국망막학회에서 연구결과 발표

2008년 미국시과학학회에서 연구결과 발표

근무 시간은 어떻게 되나요?

편 근무 시간은 어떻게 되나요?

조 일반 병원에서 일하는 경우 의사의 근무 시간은 원장이 정하기 나름이에요. 일요일만 빼고 월요일부터 토요일까지 계속 진료하는 곳도 있고, 휴일엔 모두 쉬는 곳도 있죠. 수요일에는 반나절만 진료하는 곳도 있고요. 병원에서 일하다 보면 쉬는 시간이 따로 없어요. 환자가 오면 계속해서 진료를 해야 하니까요. 그러다 보니 개인적인 업무를 보거나 휴식을 위해 수요일 오후를 쉬는 시간으로 정해 놓은 곳이 꽤 있어요. 일주일 중 하루나 이틀은 야간 진료를 하는 곳도 있고요. 이런 식으로 병원마다 조금씩 다르지만 대개 평일에는 오전 9시쯤 문을 열어 중간에 점심시간을 한 시간 정도 가지고 오후 5시나 6시까지 진료하고 있죠.

대학병원이나 종합병원은 보통 오전 9시부터 오후 6시까지가 진료 시간이라 봉직의인 경우 그 시간 동안 일을 하게 되죠. 이런 대형병원에는 환자들이 매우 많은데요. 정해진 시간 안에 수많은 환자들을 봐야 하는 것도 힘들지만, 병원의 특성상 중요 질환이 많아 환자 한 명 한 명을 집중해서 봐야 하고 계속해서 적절한 판단을 내려야 하기 때문에 체력이 많이 소진돼요. 상당한 에너지를 소비하는 일이라 이런 일을 매일 할 수는 없죠. 그래서 일반 병원과 달리 보통 일주일에 3~4일 정도는 진료를 하고, 하루나 이틀은 연구를 하고 있어요. 이 시간을 이용해 논문을 쓰거나 실험을 하고, 학회나 심포지엄의 강연을 준비하죠.

그런데 같은 대학병원이나 종합병원에서 일하더라도 직급에 따라 근무 시간에 차이가 있어요. 저희 때만 해도 인턴이나 레지던트 시절에는 하루의 대부분을 병원에서 보냈는데요. 최근에 전공의 특별법이 도입되어 주 80시간 이상 연속 근무를 할 수 없게 되었죠. 예외적인 경우라 하더라도 최대 88시간까지만 근무가 가능하고요. 예전에 비해 많이 줄었지만 보통 일반 직장에서 주 40시간을 근무하는 것에 비하면 여전히 오랜 시간을 일하는 것이죠. 펠로우가 되면 더 바빠져요. 새벽에 출근해 회진을 돌고 콘퍼런스 세미나가 있는 날에는 참석한 후에야 통상적인 외래 진료를 보거나 수술을 하거든요. 오전과 오후 일정이 끝나면 담당 교수와 논문을 준비하거나 학회 발표 자료를 만들어야 하고요. 또 그 이후엔 논문에 필요한 자료를 수집하고 정리하는 일도 해야 해서 거의 오후 11시, 12시까지 병원에 있는 경우가 많아요. 저 같은 경우도 레지던트 때는 당직이 아니라면 9시나 10시에는 퇴근했는데, 펠로우가 돼서는 매일 11시가 넘어서야 퇴근할 수 있었죠. 이후 교수진이 되면 그때부터는 본인 하기 나름인데요. 논문을 많이 쓰고 학술활동에 관심이 있는 사람은 교수가 되어서도 늦게까지 남아 연구를 하겠죠. 그런데 관심이 없으면 본인의 근무 시간만 채우고 가겠고요. 그런데 병원에서는 의사들에게 일정량의 논문이나 학술활동 실적을 요구하고 있기 때문에 연구에 관심이 없으면 도태될 수밖에 없어요. 도태되지 않으려면 결국 수술이나 외래 진료뿐만 아니라 논문 작성 등 학술활동에도 시간을 쏟아야 하죠. 그런 이유로 병원이 정한 근무 시간 외에도 남아서 연구를 하는 의사들이 많아요.

편 근무교대는 어떻게 이루어지나요?

조 개원의 같은 경우 근무교대가 없어요. 공동 개원이라든지 여러 명이 함께 개원한 경우 요일별로 교대해가며 진료를 할 수도 있겠지만, 혼자 개원했다면 교대 없이 진료 시간 내내 근무하게 되겠죠. 종합병원에서 일하는 경우 각 병원의 규정과 전공의 수, 기타 상황에 따라 교대를 하고 있고요.

편 휴일에도 일하나요?

조 휴일에도 병원에 나가는 경우가 많아요. 특히 종합병원에서 일하는 의사들은 병원에 나와 남은 환자들을 본다거나 주 중에 다 하지 못한 논문이나 학회, 심포지엄 준비 등 학술활동과 관련된 일을 하죠. 대학병원에서 교수를 겸하는 경우 강의 준비를 위해 나오기도 하고, 응급수술을 해야 하는 의사들은 평일, 휴일 할 것 없이 응급상황인 경우 수술을 위해 병원에 가야 하고요.

근무 여건은 어떤가요?

편 사무실 환경이나 분위기는 어떤가요?

조 사무실 환경이나 분위기는 병원마다 천차만별이에요. 서울에 있는 큰 규모의 종합병원은 근무 환경이 상당히 잘 갖추어져 있죠. 진료실뿐만 아니라 개인 혹은 2인 1실 연구실도 배정해주는데, 구비해놓은 전산장비나 사무집기들이 매우 좋은 편이에요. 규모도 꽤 넉넉하고요. 재정이 어려운 작은 병원의 경우 그런 지원까지는 힘들겠죠. 그렇다고 작은 규모의 병원이 모두 그런 것은 아니에요. 원장이 직원들의 복지에 관심이 많아 장비나 시설에 적지 않은 금액을 투자하는 곳도 있죠. 제가 공동 개원한 병원은 이제 갓 만들어진 병원이고 의사가 둘뿐인 의원급이라 종합병원 같은 복지 시설은 꿈도 못 꿔요. 하지만 직원들의 대우나 근무 환경, 근무 시간 등은 종합병원 이상이 되도록 노력하고 있죠. 아쉬운 점이 있다면 직원 휴게실이 너무 협소하다는 것인데요. 직원들과 함께 공간 배치를 결정하며 도면을 만들었음에도 불구하고 공간이 넉넉지 않아 그렇게 된 점이 늘 마음에 걸리네요.

복지 여건은 어떤가요?

복지 여건 역시 병원의 재정 상태나 원장의 경영 방침에 따라 많이 다르겠죠. 종합병원이나 수익이 높은 병원 중 원장이 직원들의 복지에 관심이 많으면 학회비나 복리후생비, 교육비 등을 지원하기도 해요. 병원 내에 수영장이나 체육관 등 각종 운동 시설을 갖춰서 직원들의 건강관리에 힘쓰는 곳도 있죠. 휴가 때 콘도와 같은 여가시설을 사용할 수 있도록 제공하는 곳도 있고요. 그렇지만 근무 여건과 마찬가지로 일하는 병원의 재정이 어렵거나 원장이 직원 복지에 관심이 없으면 그런 대우를 받기 어렵겠죠. 그래도 기본적인 수익이 어느 정도 보장되기 때문에 복리후생이 다소 취약하더라도 큰 문제가 되지는 않고 있어요.

노동 강도는 어느 정도인가요?

편 노동 강도는 어느 정도인가요? 잦은 야근 등으로 인해 노동 강도가 셀 것 같아요.

조 전공의의 경력에 따라 혹은 어떤 병원에서 근무하느냐에 따라 노동 강도는 달라질 수 있어요. 인턴이나 레지던트 시절에는 노동 강도가 엄청나게 세죠. 기본적으로 하루에 12시간 가까이 근무하는데다 밤을 새는 일도 잦거든요. 그렇지만 앞에서도 잠깐 언급했듯이 전공의 특별법이 시행되면서 근무 시간이 많이 줄었어요. 덕분에 노동 강도가 예전처럼 세지는 않죠. 물론 일반 직장인의 근무 시간에 비하면 여전히 많은 시간을 일해야 하지만요. 이후 펠로우 수련 과정까지 모두 마치고 나면 노동 강도는 많이 줄어요. 개원의의 경우 각 병원의 운영 방침에 따라 노동 강도는 달라져요. 일찍 진료를 마치고 개인 생활을 할 수 있도록 배려하는 곳에서 일한다면 노동 강도가 그리 세진 않겠죠. 반면 수술을 많이 하거나 야간 진료에 주말 진료까지 하는 곳에서 일한다면 노동 강도가 세질 수밖에 없고요.

정년은 언제까지인가요?

편 정년은 언제까지인가요?

조 개원의의 정년은 따로 없어요. 더는 힘들어서 못하겠다 싶으면 그때가 정년이 되겠지요. 저와 함께 개원한 선생님만 해도 더 이상 최신 연구와 논문, 치료 경향을 따라잡을 수 없게 될 때 은퇴하겠다고 말하고 있죠. 대학병원이나 종합병원에서 일하는 분들의 정년은 보통 만 65세고요. 그렇긴 하지만 명예교수와 같은 직종을 만들어 정년을 연장하는 병원도 있죠. 정년퇴직한 의사를 스카우트해 70세 혹은 그 이후까지 근무를 할 수 있도록 하는 병원도 있고요.

직업병이 있나요?

편 직업병이 있나요?

조 안과의사 중에서도 망막 수술을 주로 하는 의사의 경우 목 디스크로 고생하는 분을 종종 볼 수 있어요. 그동안 목 디스크의 원인은 크게 두 가지였어요. 첫 번째는 교통사고와 같은 외상에 의한 손상, 두 번째는 퇴행성 변화로 인한 수핵의 탈출 및 돌출이었죠. 그런데 최근 컴퓨터나 스마트폰의 사용이 늘면서 장시간 고개를 숙이는 등의 생활습관이 원인이 된 목 디스크가 점차 증가하고 있어요. 안과의사도 망막 수술 시 고개를 숙이고 집중해서 현미경을 바라보다 이러한 질환이 생기기도 하죠. 망막 수술은 녹내장 수술 등에 비해 시간이 오래 걸리거든요. 빨리 끝나면 30~40분 안에 끝나기도 하지만 대개 한 시간에서 많게는 두 시간까지 걸리죠. 그 시간 동안 계속해서 현미경을 바라보며 수술을 해야 하기 때문에 목에 무리가 갈 수밖에 없어요. 생활습관으로 인한 목 디스크를 방지하려면 오랫동안 고개를 숙이는 행동을 피해야 하는데, 자세를 바꾸어가며 수술을 하긴 어려우니 수술 전후로 스트레칭을 해주는 것이 필요해요.

처음 의사가 되었을 때
가장 걱정됐던 점은 무엇인가요?

편 처음 의사가 되었을 때 가장 걱정됐던 점은 무엇인가요?

조 인턴 때 파견 간 병원에서 응급실 근무를 한 적이 있었어요. 그땐 경험이 많지 않아서 심폐소생술이나 응급처치를 나 혼자 잘 해낼 수 있을까 하는 걱정을 많이 했죠. 혹시나 실수를 해서 환자의 병이 악화되거나 심지어 목숨까지 위협하는 사태가 발생할까 봐 두려운 적도 있었고요. 의과대학에 6년 동안 다니면서 배운 지식들이 전부가 아니라 각 분과별로 너무나 많은 병과 치료 방법이 있기 때문에 혹여나 그걸 놓쳐서 응급 상황에 놓인 환자의 치료에 해를 끼치면 어쩌나 걱정했던 것이죠.

안과의사 생활을 하면서
가장 기억에 남는 순간은 언제였나요?

🔲 안과의사 생활을 하면서 가장 기억에 남는 순간은 언제였나요?

🔲 우리 눈의 망막은 여러 층으로 이루어져 있는데, 이 층이 분리되는 증상을 망막박리라고 해요. 망막박리 증세가 생기면 환자는 갑자기 시력이 떨어지게 되죠. 이런 경우 수술을 한다고 해서 바로 다음 날 시력이 좋아지는 건 아니에요. 눈 안에 충전물이라고 해서 가스나 기름을 넣는데, 이 충전물을 빼고 난 후에야 시력이 조금씩 회복되죠. 기름을 넣는 경우는 그 시간이 3개월에서 6개월 정도 걸리고요. 영화나 드라마에 나오는 것처럼 수술 후 안대를 풀자마자 "선생님, 잘 보여요. 감사합니다." 하는 경우는 거의 없죠. 시력이 바로 회복되는 것은 아니지만 수술이 잘 돼서 환자나 보호자에게 희망적인 소식을 전할 때면 정말 기쁘고 보람을 느껴요. 시간이 지나 시력을 회복한 환자를 볼 때면 아주 뿌듯하고요. 그런 순간들이 의사로 일하면서 가장 좋았던 순간이라 기억에 오래 남네요.

기억에 남는 선배나 스승님이 계시나요?

🔲 기억에 남는 선배나 스승님이 계시나요?

🔲 가장 먼저 떠오르는 분은 저를 망막 의사로 키워주신 서울아산병원 윤영희 교수님이세요. 레지던트 시절부터 망막 의사의 꿈을 가질 수 있도록 격려해주셨고, 학위를 취득할 수 있도록 논문 지도교수로서도 도와주셨죠. 각종 연구비를 받아서 실험을 할 수 있도록 해주셨으며, 서울아산병원에서 망막 임상강사로 근무할 수 있게 제반 여건을 조성해주기도 하셨고요. 교수님께서는 치료나 수술 방법뿐만 아니라 수술이나 연구에 대한 열정, 환자를 대하는 태도에 대한 가르침도 주셨는데요. 말로 가르치신 것이 아니라 몸소 보여주셨기 때문에 그 의미가 더 강하게 다가왔어요. 학문을 향한 강한 열정은 물론 훌륭한 인격까지 갖춘 존경스러운 스승님이시죠. 서울대학교 생리학 교실의 김전 교수님도 생각나네요. 의과대학 시절 만난 분으로 늘 밝은 모습으로 격려해주시고, 세세한 것까지 꼼꼼하게 챙겨주셨죠. 진심으로 존경했던 분이라 제 결혼식 때 주례를 부탁드리기도 했어요. 그때 읽어주신 주례문을 결혼 앨범에 넣어서 아직도 고이고이 간직하고 있어

윤영희 교수님과 함께

요. 지금은 정년퇴직 후 의과대학교수 시절부터 도움을 주셨
던 외국인 노동자 병원 라파엘클리닉의 책임자가 되어 봉사
활동을 이어가고 계세요.

현재 삶에 만족하세요?

편 현재 삶에 만족하세요? 의사가 된 걸 후회한 적은 없나요?

조 의사가 된 걸 후회한 적은 한 번도 없어요. 물론 힘들다고 생각한 적은 있지만요. 인턴 시절 할 일이 너무 많아 잠도 잘 못 자고 피곤해서 스트레스가 쌓일 땐 정말 힘들었어요. 수술을 했는데도 불구하고 시력이 점점 나빠져 결국 실명이 된 환자를 계속해서 진료할 때나, 환자나 보호자의 원망을 들을 때는 너무나 안타깝고 가슴이 아파 괴로운 적도 있었고요. 수술을 많이 하는 의사들의 경우 모든 수술을 성공적으로 끝낼 수는 없어요. 최선을 다해도 여러 가지 상황으로 인해 환자가 회복하지 못하는 일이 종종 있죠. 그런 일들을 견뎌내는 것이 상당히 어렵지만 그것 때문에 이 길을 걸어온 걸 후회하진 않아요. 결과가 좋지 않은 경우보다 수술이나 치료가 잘 되어 기뻐하는 환자들이 훨씬 많기도 하고, 눈이 잘 보이지 않아 혼자서는 외출도 못하는 분들이 다른 사람의 도움 없이 여기저기 다니게 되었다는 말을 들으면 그분들의 삶의 질을 높여드린 것 같아 뿌듯하기도 해서 안과의사과 되길 정말 잘했다고 생각하는걸요.

편 다시 태어나도 의사가 되고 싶으세요?

조 제가 식구들에게 자주 하는 농담이 하나 있어요. 다시 태어난다면 호주의 넓은 목장을 가진 목장주의 아들로 태어나 드넓은 초원에서 말이나 키우며 유유자적하고 싶다는 건데요. 그러면 아내나 아들은 호주에서 태어나더라도 공부를 잘해서 의과대학에 들어가 의사가 되었을 거라고 받아치죠. 의사가 된 걸 후회한 적도 없고 이 직업이 싫지도 않지만 다음 세상이 있다면 다른 일도 한번 해보고 싶어요. 이왕이면 전혀 경험해보지 못한 새로운 인생을 살아보고 싶거든요.

다른 분야로 진출이 가능한가요?

편 다른 분야로 진출이 가능한가요?

조 물론이에요. 먼저 보건복지부나 국방부, 식품의약품안전처, 건강보험심사평가원과 같은 국가기관이나 기타 공공단체에 들어가 일할 수 있어요. 국회의원이 되어 국민들에게 이로운 의료정책과 법안을 만들 수도 있고, 군의관이 되어 군인들을 상대로 질환을 치료할 수도 있죠. 법의학자로 일할 수도 있겠고요. 국립과학수사연구원이나 각 대학교의 법의학 교실에서 사람의 죽음과 시신의 손상 정도, 시신에 남겨진 증거, 범죄행위와의 관계 등을 탐구하거나 사인 또는 사망 경위를 밝히는 일을 하는 것이죠. 변호사 자격을 취득해 의료전문 변호사가 될 수도 있어요. 신문사나 방송사와 같은 언론사에서 의학전문기자로 활동하는 것도 가능하죠. 제 선배들 중에도 의학전문기자로 일하는 분이 두 분 있는데요. 의학 지식과 최신 자료들을 바탕으로 독자들이 알기 쉽게 설명한 기사를 쓰기도 하고, 케이블 TV나 유튜브 채널에 나가 건강과 의료 정보를 전달하는 역할을 하기도 하죠.

제약회사나 의료기기 회사에서 신제품을 개발하거나 홍

보하는 일을 할 수도 있어요. 의과학과에 가서 의료장비나 인공장기 개발에 힘쓰거나, 신생 창업기업을 설립해 의료와 관련된 IT 서비스나 건강관리 프로그램을 제공할 수도 있고요. 증권사에서 의료전문 애널리스트로 활동할 수도 있죠. 요즘은 의료분야 중에서도 바이오라든지 제약, 의료기기와 관련된 시장이 워낙 커서 해당 시장에 대한 전문적인 분석과 전망을 내놓을 수 있는 애널리스트를 원하는 곳이 많거든요. 마지막으로 앞서 얘기한 인도주의실천의사협의회나 국경없는의사회, 비전케어 같은 단체에 소속되어 소외받는 분들을 위해

더 알고 싶어요!

비전케어는 어떤 단체인가요?

비전케어는 WHO 산하 IAPB (국제실명예방위원회)와 함께 시각장애로 고통받는 이들이 다시 밝은 세상을 볼 수 있도록 돕는 국제실명구호기구예요. 백내장과 같은 '피할 수 있는 실명'의 원인을 찾아내어 치료함으로써 즉각적인 시력개선을 돕고, 안경 및 돋보기 지원을 통해 시력교정에 도움을 주고 있어요. 저개발국의 의료기관을 지원하거나 낙후된 의료 환경을 개선하기 위한 활동도 하고 있고요. 국적이나 인종, 종교를 초월한 인류애로 나눔을 실천하고 있는 매우 뜻깊은 일은 하는 단체죠.

진료 활동을 할 수도 있겠죠. 의학을 공부한 사람들 대부분은 의사가 되지만 이렇게 다른 분야에서 자신의 뜻을 펼치는 분들도 꽤 있어요. 진출 분야가 다양하고 하는 일은 모두 다르지만 아픈 사람들의 건강과 행복한 삶에 기여하고자 노력하는 것만은 같겠죠?

성공적인 안과의사의
노하우

Ophthalmology

경쟁력을 갖추기 위한 준비

편 안과에는 각막, 망막, 소아-신경안과, 녹내장, 성형안과 같은 세부분과가 있는데, 선생님은 그중에서도 망막을 세부전공으로 택해 펠로우 과정을 거쳐 망막 의사가 되셨어요. 망막 수술을 잘 한다는 것은 선생님만의 장점이자 경쟁력이 되겠죠. 안과의사의 꿈을 키우는 학생들이 선생님처럼 자신만의 경쟁력을 갖추기 위해선 어떤 준비를 하는 것이 좋을까요?

조 먼저 자기 자신을 잘 알아야 해요. 자기가 뭘 잘하고 자신의 성향이 어떤지 파악하는 것이 중요하죠. 그것이 바탕이 되어 자신의 능력과 성향에 맞는 진로를 선택하는 것이 경쟁력을 갖추는 최고의 방법이라고 생각해요. 지금 잘 하지 못하더라도 잘 할 수 있는 것이 있다면, 끈기 있게 노력해서 능력을 키워야겠죠. 아주 원론적인 이야기이지만 의사로서 한 20년을 살아보니 이것이야말로 정답이라는 생각이 들어요.

안과의사로 성공할 수 있는 방법

편 안과병원의 경우 타 과에 비해 어느 정도 안정적으로 운영할 수 있다고 하셨는데요. 전국 780여 개의 안과병원 중 서울과 경기, 인천 지방에만 460여 개가 몰려있어 수도권에서 개원을 하게 되면 경쟁은 피할 수 없을 것 같아요. 나만의 특별한 전략이 필요해 보이는데, 어떻게 하면 병원을 잘 운영하여 안과의사로 성공할 수 있을까요?

조 저는 수도권이 아닌 강릉 지역에 개원을 했는데, 나름 자리를 잘 잡았다는 평가를 받고 있어요. 그 이유를 생각해보면, 지역적 특색도 있지만 공동 개원하는 두 의사의 능력을 잘 파악하고 병원의 가치와 진료 방침을 적절하게 선택했기 때문이라고 봐요. 대관령 동쪽 지역 즉, 영동지역에는 망막 전문의가 거의 없어요. 저와 공동 개원한 선생님은 영동 지역의 여러 개인 안과 의원과 오래 교류하면서 난이도가 높은 망막 질환 환자들을 의뢰받아 치료해왔어요. 더불어 꾸준히 학회 심포지엄 등에 참가하고 발표도 하면서 최신의 치료 트렌드를 유지해 수도권 종합병원에 절대 뒤처지지 않는 의료 서

비스를 제공하고 있죠. 이러한 저희의 오랜 노력은 병원을 잘 운영하는데 꼭 필요한 덕목이라고 생각해요. 거기다 같이 일하는 직원들이 개원 초기부터 열정적으로 일하고 성심으로 환자를 대한 것도 큰 기여를 했고요. 결국 중요한 것은 의사의 실력과 직원들의 능력, 그리고 환자들에게 맞는 의료 서비스를 제공하는 것이죠.

은퇴 후 비전

편 의학회가 작성한 통계에 따르면 퇴직하는 의사들 중 대부분이 은퇴 이후에도 계속 진료 현장에 남아 일하고 싶어 한다고 하네요. 의사들의 경우 정년 이후 촉탁의로 나가거나 의료봉사활동을 할 수도 있을 것 같은데요. 제가 생각하지 못한 더 많은 길이 있겠죠? 은퇴 후 인생 2막을 위해 어떤 비전을 가질 수 있을까요?

조 다른 일은 거의 하지 않고 의학에만 몰두해 많은 연구 업적을 남기는 것도 의미 있지만, 모든 의사들이 그렇게 할 수 있는 건 아니잖아요? 앞에서 말한 것처럼 다양한 취미 활동도 하고 여러 사람들과의 유대 관계를 유지하는 것도 중요하다고 봐요. 자신과 뜻이 맞는 분들과 연대해 나가거나 관심이 가고 좋아하는 것, 혹은 잘 하는 어떤 것을 꾸준히 해 나간다면 평소의 내 삶은 물론 은퇴 이후의 인생까지 더 풍요로워질 거라고 믿거든요. 시간이 없어 충분히 하지 못했던 일들을 하는 것만으로도 더없이 행복한 인생 후반전을 즐길 수 있을 거라 생각하죠. 의사라고 해서 은퇴 이후의 삶이 남다르진 않을

것 같아요. 물론 열심히 살아왔다면 경제적으로 조금 더 윤택
할 수도 있고, 의사로 살아온 경험을 살려 의료봉사 같은 일
을 하면 다소 남다른 인생 2막이 될 수도 있겠지만요.

나도
안과의사

Ophthalmology

 시력검사

여러분이 안과의사가 되었다고 생각해보세요. 안과병원에는 시력검사를 포함한 각종 눈 검사를 받기 위해 내원하는 분들이 종종 있죠. 40세 이상의 성인이라면 각종 질환을 예방하기 위해 특별한 증상이 없더라도 정기적으로 눈 검사를 받는 게 좋거든요. 오늘도 별다른 이상은 없지만 시력검사를 받기 위해 40대 중반의 남성 한 분이 내원했네요. 요즘 부쩍 시야가 흐릿해져 시력이 떨어진 건 아닌지 알아보기로 하셨대요. 시력검사, 그동안 많이 받아보셨죠? 그 경험을 바탕으로 내원한 환자의 검사를 어떻게 진행해야 할지 생각보세요.

시력검사란 특정 거리에서 최소 가독 시력을 측정하는 검사를 말해요. 한쪽 눈을 가리고 멀리 떨어져 있는 글자나 숫자 혹은 고리 모양 등을 얼마나 작은 것까지 구분하느냐에 따라 시력이 결정되죠.

시력을 측정하는 검사표는 한 가지 종류만 있는 것은 아니에요. 그렇긴 하지만 주로 사용하는 것은 다음과 같은 시력검사표죠.

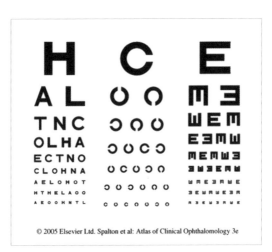

© 2005 Elsevier Ltd. Spalton et al: Atlas of Clinical Ophthalomology 3e

ETDRS 시력 차트

실제 시력검사 방법은 다음과 같아요.

시력검사표로부터 정해진 거리만큼 떨어진 위치에서 한쪽 눈을 가리고 측정해요. 정해진 거리에서 0.1 시표가 보이지 않을 때는 0.1 시표가 판독되는 위치까지 시표로 접근하여 시력을 구하죠. 가령 5m짜리 시력표를 사용한 검사에서, 2m에서 0.1 시표를 읽었다면 시력은 '0.1x2/5=0.04'가 되는 거예요. 1m 거리에서 0.1 시표가 판독이 안 되는 경우에는 검사자의 손가락 수를 맞추게 해요. 손가락도 셀 수 없고, 다만 눈앞에서 흔드는 손의 움직임만을 알 수 있다면 시력은 '손 흔듦'이라 기록하죠. 손의 움직임도 모를 때는 암실 내에서 동공에 빛을 비추고 명암을 판별하면 '빛 느낌'이라 기록하고요. 빛 느낌도 없으면 시력 0 혹은 '빛 느낌 없음'이라고 기록해요.

주시안 찾기

여러분, '주시안'이라는 단어, 들어보셨나요? 주시안이란 양쪽 눈 중 주로 쓰는 눈을 말해요. 반대쪽 눈은 비주시안 혹은 부시안이라고 하고요. 오른손잡이와 왼손잡이가 있듯, 눈 역시 오른쪽 눈이 주시안이면 오른눈잡이, 왼쪽 눈이 주시안이면 왼눈잡이라 부르죠. 양손잡이처럼 주시안이 따로 없는 사람도 있고요. 주시안은 원거리를 볼 때, 비주시안은 근거리를 볼 때 주로 쓰여요. 노안 환자를 대상으로 시력교정술을 할 때, 이 차이를 이용하여 주시안은 원거리가 잘 보이도록 수술하고, 비주시안은 근거리가 잘 보이도록 수술을 하죠. 노안교정술을 받기 위해 60대 여성분이 내원하셨네요. 이 환자의 주시안을 찾으려면 어떻게 해야 할지 생각해보세요.

내가 생각하는

주시안 찾는 방법

 로젠바하법

먼저 하나의 사물을 정해 3~5m 거리에서 양 눈으로 바라봐요. 그리고 두 팔을 쭉 펴고 양손으로 작은 삼각형을 만들어 사물을 삼각형 중앙에 위치시키세요. 마지막으로 좌, 우 눈을 교대로 한 번씩 감았다 떠보세요. 이때 사물이 양 눈으로 본 것과 똑같이 보이는 쪽이 주시안이죠.

 원형 구멍 카드법

먼저 종이에 2~3cm 크기의 구멍을 뚫고, 종이를 양손으로 잡으세요. 그리고 하나의 사물을 정해 3~5m 거리에서 종이의 구멍 안에 위치시키세요. 마지막으로 좌, 우 눈을 한 번씩 감았다 떠보세요. 구멍을 통해 사물이 보이는 쪽이 주시안이죠.

간헐 사시 검사

오늘은 4살짜리 여자아이가 찾아왔어요. 아이의 눈이 가끔 사시처럼 보이는 것이 걱정돼 검사를 받으러 왔다고 하네요. 사시란 두 눈이 서로 다른 지점을 보는 시력 장애인데요. 평소에는 괜찮다가도 집중을 하지 않거나 딴 생각을 하고 있을 때만 눈이 살짝 한 쪽으로 흐트러지는 경우도 있어요. 이처럼 정해진 간격으로만 나타나는 사시를 간헐 사시라고 하죠. 이 아이도 간헐 사시인지 검사를 해보기로 했어요. 어렵지 않게 알아보는 방법이 있죠. 간헐 사시를 확인할 수 있는 간단한 방법, 여러분도 한번 생각해보세요.

먼저 멀리 있는 물체를 보게 한 후 한쪽 눈을 가려요. 좌, 우 눈을 한 번씩 가렸을 때 두 눈의 위치가 그대로 고정되어 있는지 확인해요. 고정되어 있다면 사시가 없는 것이죠. 반면 눈을 가릴 때마다 눈이 한쪽으로 움직인다면 사시가 있는 것이고요. 사시가 있는 경우 눈을 가리게 되면 그 눈은 물체를 주시하지 못하기 때문에 방향을 잡지 못하거든요. 시선을 집중하지 못해 눈이 자연스럽게 다른 쪽으로 돌아가는 것이죠.

어린아이들의 경우에는 이런 방법을 사용하기도 해요. 먼저 멀리 있는 물체를 보게 한 후 펜라이트를 아이의 눈에 비춰요. 그럼 눈의 각막에 빛의 반사점이 하얗게 맺히게 되는데요. 그 점이 양쪽 눈의 동일한 위치에 있다면 사시가 없는 것이죠. 반면 빛의 반사점이 한쪽 눈은 가운데에 맺히는데, 다른 한쪽 눈은 약간 옆으로 어긋나있다면 사시인 거고요.

안과의사
업무 엿보기

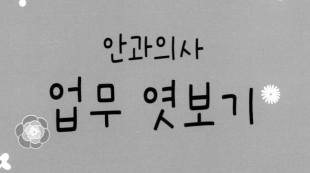

Ophthalmology

저는 의대를 졸업하고 수련을 마친 후 안과 전문의가 되었어요. 지금은 종합병원에서 환자들을 진료하고 있죠. 오늘 저와 함께 다니면서 안과의사는 어떤 일을 하는지, 의사의 하루는 어떻게 돌아가는지 경험해보실래요?

AM 07:00
출근

출근 후 회의실에서 전공의 및 의대생들과 집담회를 해요. 콘퍼런스라고도 하는 집담회는 특정 의학 주제에 대해 발표하고 토론하는 형태의 모임을 말하죠.

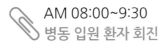

AM 08:00~9:30
병동 입원 환자 회진

병동에 입원한 환자들을 만나 검사 결과를 알려주거나 변화나 특이사항이 있는지 확인해요.

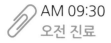

AM 09:30
오전 진료

오늘의 첫 환자는 30대 초반의 남성이에요. 눈이 가렵고 분비물이 나와 내원했다고 해요. 세극등 현미경을 이용해 환자의 눈을 보았더니 결막의 충혈과 유두비대가 관찰되었어요. 문진 결과와 종합해보니 알레르기 결막염으로 진단할 수 있겠네요. 결막은 눈꺼풀의 안쪽과 안구의 가장 바깥쪽을 덮고 있는 얇고 투명한 점막이에요. 이 결막에 염증이 생긴 상태를 결막염이라 하며, 원인에 따라 감염성, 알레르기, 독성 반응으로 나뉘죠. 증상을 완화시키기 위한 항히스타민제 등을 처방해요. 눈이 가렵다고 비비면 증상이 악화되므로 참기 힘든 경우 차가운 찜질을 하거나 냉장 보관한 인공 누액을 사용하도록 권고하고요.

다음 환자는 당뇨 망막증 환자예요. 당뇨를 앓은 지 10년이 넘었는데, 혈당 조절도 제대로 하지 않고 안과 검사를 한 번도 받지 않았던 분인데요. 갑자기 오른쪽 눈의 시력이 떨어져 내원하셨어요. 당뇨가 있으면 몸속의 혈관들이 망가져요. 우리 눈의 망막과 맥락막에는 혈관이 엄청나게 많은데, 그 혈관들이 손상되면 눈 속에 출혈이 생기고요. 수술을 통해 피를 제거해야 해서 수술 예약을 잡았어요. 반대편 눈 역시 당뇨로 인한 당뇨 망막증이 심해 오른쪽 눈처럼 출혈이 생기지 않도록 미리 레이저 치료를 해 주었어요.

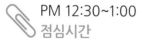

PM 12:30~1:00
점심시간

환자가 많아 점심시간이 훌쩍 지나 점심을 먹어요. 오후에는 수술 일정이 있어 식사 후 바로 수술 방으로 가야 하죠.

오늘 오후는 백내장 수술로 시작하네요. 백내장은 수정체가 혼탁해져서 시력이 저하되는 질병으로 일반적인 경우 수개월에서 수년에 걸쳐 서서히 진행돼요. 발병 초기에는 이상 증상을 느끼지 못하다 시간이 지나면서 수정체가 혼탁해지자 내원하는 분들이 많죠. 오늘 수술할 두 분 모두 수정체 혼탁과 함께 시력이 감퇴되었고, 한 분은 눈부심과 물체가 여러 개로 보이는 복시 증상도 있어요. 시력검사와 검안경 검사, 세극등 현미경 검사, 안압검사 등을 통해 백내장으로 진단했으며, 일상생활에 지장을 줄 만큼 시력이 나쁜 경우에 속해 수술을 결정했죠. 먼저 산동제를 넣어 동공을 확대시키고, 점안 마취제로 마취를 한 후 절개창을 통해 기구를 삽입해 수정체낭의 앞쪽을 제거해요. 그 후 초음파 기구로 혼탁해진 수정체 핵을 제거하죠. 인공수정체를 삽입하고 절개창을 잘 닫으면 수술은 비교적 간단히 끝나요.

다음은 녹내장 수술이에요. 녹내장이란 눈으로 받아들인 빛을 뇌로 전달하는 시신경에 이상이 생겨 시야 결손이 나타나는 질환이에요. 우리 눈의 각막과 수정체 사이에는 방수라는 물이 흐르고 있는데, 이 환자분의 경우 방수의 배출이 잘되지 않아 녹내장이 생겼고, 배출을 용이하게 하기 위해 밸브 삽입 수술을 했어요. 녹내장이 생겼다고 모두 수술을 하는 건 아니에요. 녹내장이 오면 안압 조절이 잘되지 않는데, 약물을 이용해 간단하게 안압을 떨어뜨리기도 하죠. 최근 효과가 좋은 점안 약제가 많이 나왔거든요. 환자의 상태에 따라 레이저를 이용해 안압을 낮출 수도 있고요.

눈 속에 피가 터진 당뇨 망막증 환자의 수술 등 총 네 건의 수술을 끝내고 나니 벌써 6시네요.

PM 6:00~7:00
병동 입원 환자 회진

백내장 수술 환자들은 수술을 받고 집으로 돌아가지만 망막 수술 환자들은 하루 정도 입원해서 경과를 보기도 해요. 수술 후 입원한 환자와 보호자들을 만나 수술 경과를 설명하고 주의사항도 알려줘요. 담당 전공의와 간호사들에게도 특히 신경 써야 할 부분을 알려 주고요.

PM 7:00
저녁시간

병원 식당에서 저녁을 먹고 연구실로 올라가요. 학술지에 보낸 논문 중 몇 가지를 수정하라는 리뷰어^{Reviewer, 제출된 논문을 검토하여 학술지 게재 여부를 결정하는 학계 전문가}의 지시가 있어 논문 수정 작업을 하기 위해 연구실로 왔죠. 논문 작성 후에는 내일 수술할 환자들의 검사 결과를 살펴보고 수술 계획을 짜야 해요. 오늘도 10시 전에는 퇴근이 어렵겠네요.

Day 2

**AM 07:00
출근**

오전부터 신약 개발을 위한 임상 연구자들과의 미팅이 있어요. 새로운 임상 연구가 시작되어 연구 계획서 및 환자 안전 문제에 관한 검토를 마치고, 세부 사항에 대한 의견 조율을 해야 하죠. 아침식사는 회의 중간에 먹는 샌드위치로 대신해요.

**AM 08:00~8:30
병동 입원 환자 회진**

병동에 입원한 환자들을 만나 검사 결과를 알려주거나 변화나 특이사항이 있는지 확인해요.

**AM 08:30
오전 진료**

오늘은 전안부 선생님이 각막 이식 수술을 하는데, 이 환자의 경우 망막박리가 함께 있어 협진 수술에 들어가요. 각막 이식은 혼탁이 있는 각막을 잘라내고, 기증받은 각막으로 바꿔주는 수술이죠. 많은 분들이 각막 이식 수술이라고 하면 눈 전체를 이식하는 것으로 알고 있지만, 눈 전체를 이식하는 수술은 아직 성공한 바가 없어요. 지난 내원 때 환자의 시력을 측정하였고, 각막에 있는 병변의 크기와 정도도 검사했어요. 이제 수술을 시작해볼까요? 먼저 마취를 실시한 후 각막 원형 절제기를 이용해 혼탁이 있는 환자의 각막을 원형으로 절제해요. 다음으로 미리 절제해서 각막 보관액에 담겨 보관 중인 기증자의 각막도 다시 절제하는데, 이때는 환자의 각막보다 약간 크게 절제하죠. 기증 각막을 환자의 눈으로 옮긴 후 아주 가는 재질의 수술용 봉합실을 이용해 봉합해줘요. 수술이 잘 되었네요.

PM 12:30~1:00
점심시간

각막 이식 협진 수술을 마치고 연구실로 올라와 어제 마무리하지 못한 논문 수정 작업을 계속해요. 교육 수련부에서 전공의 수련에 관한 공문이 오는 바람에 공문 처리에 또 시간을 뺏기고 말았네요. 어느덧 점심시간, 점심을 먹고 잠시 휴식을 취해요.

PM 1:00
오후 진료

오후 진료가 시작되고 처음으로 들어오는 분은 60대 중반의 여성 환자네요. 한 달 전에 황반변성 진단을 받은 분이죠. 글을 읽을 때 글자에 공백이 생겨 병원을 찾았는데, 시력과 안압을 측정하고 세극등 현미경을 통해 망막 정밀 검사를 실시한 결과 황반변성 상태였어요. 한 달마다 신생혈관 항체를 눈 속으로 직접 주사해 치료하고 있어요. 비교적 조기에 발견하여 치료 경과가 좋네요. 어떤 질병이든 정기적인 검진을 통해 조기에 발견하는 것이 무엇보다 중요하죠.

몇몇 환자를 더 진료하고 나니 응급실 환자를 보던 전공의가 망막박리 환자가 왔다고 연락을 해 왔네요. 망막박리는 신경상피가 망막색소상피로부터 분리된 것을 말해요. 망막이 박리되면 시야의 결손이 일어나고, 점차 결손 부위가 커지면서 마치 앞에 흔들리는 장막이 쳐진 것처럼 느끼게 되며, 오래 방치할 경우 실명할 수도 있죠. 지방의 안과에서 진단을 받고 의뢰서를 들고 응급실로 찾아오셨네요. 이 환자분의 경우 응급으로 유리체 절제술을 시행하기로 했어요. 수술 방법을 보면, 먼저 안구에 작은 구멍을 만들어 유리체를 제거해요. 그다음 망막을 원위치 시켜주죠. 마지막으로 안구 내에 가스나 기름을 주입하면 수술은 끝나요. 오늘 저녁에는 수술 방에 여유가 있기를 빌어 봐요. 흉부외과나 신경외과 혹은 산부인과의 응급 수술이 많으면 안과 수술은 뒤로 밀리죠. 환자의 목숨과 직결된 건 아니니까요. 부디 다른 응급 수술이 적어서 밤늦게 수술하는 일은 없었으면 좋겠어요.

 PM 6:00~6:30
병동 입원 환자 회진

오늘 수술하고 입원한 환자나 내일 수술을 위해 입원한 환자가 있다면 수술 결과 혹은 검사 결과를 설명해주고, 불편하거나 힘든 점은 없는지 확인해요.

PM 6:30
저녁시간

학회 발표를 위한 파워포인트 자료를 만들면서 응급실의 수술 방 배치 전화를
기다려요. 아직까지 연락이 없는걸 보니 오늘도 퇴근이 늦을 것 같네요.

안과의사 조수근
스토리

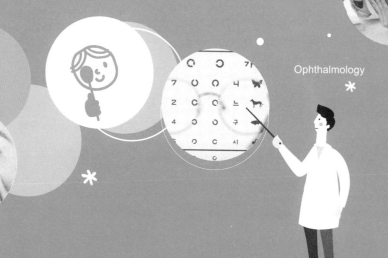

Ophthalmology

편 어린 시절에 대한 이야기도 궁금해요. 부모님은 어떤 분이셨는지, 어린 시절 환경은 어땠는지 알려주세요.

조 저는 경북 영천에서 태어났어요. 제가 살던 곳은 영천 안에서도 버스가 하루에 네 번밖에 들어가지 않는 아주 깊은 산골 마을이었죠. 아버지는 12대 종손이셨고, 저는 6남매 중 다섯째로 태어났는데요. 그 많은 형제들과 모여 살았기 때문에 어려서는 사촌에 육촌 형제들까지 함께 놀며 컸어요. 주변의 동기들이나 선후배들과 비교해보면 다소 색다른 환경에서 자란 셈이죠. 아이들이 많은 집안이었지만 누나 이후 7년 만에 얻은 아들이라 귀여움을 많이 받았어요. 몸이 많이 약해 누나들과 형의 보살핌 속에 컸고요. 대가족 사이에서 사랑을 많이 받고 자랐죠.

부모님은 가난 때문에 공부를 많이 하진 못하셨어요. 그렇지만 늘 예의범절과 사람으로서의 도리를 강조하셨죠. 아버지는 혼자 터득하신 지식으로 마을 분들의 농기계나 전자제품을 수리해주곤 하셨어요. 가끔 밭일도 제쳐두고 다른 집의 경운기를 고쳐주러 가곤 하셔서 어머니의 타박을 듣기도 하셨죠. 아이들의 관절이 빠지거나 뼈가 부러지면 관절을 맞추어 주거나 부러진 뼈를 치료해주기도 하셨어요. 그런 모습을 떠올릴 때마다 아버지도 저와 같은 환경에서 자라셨다면 훌륭한 의사가 되었을 거란 생각을 해요. 어머니는 좀 엄한 편이셨는데, 공부에 관한 것이라면 무엇이든 지원을 아끼지 않으셨어요. 늘 저에 대한 무한 신뢰를 보여주셨으며, 지금까지 진로를 결정하거나 어떤 선택을 하는 데 있어서 단 한 번도 반대를 하신 적이 없으셨죠. 전적으로 제 판단을 믿고 따라주셨어요. 참 감사한 일이죠.

초등학교 6학년 1학기 때까지는 전교생 수가 백 명도 안 되는 작은 학교에 다녔어요. 그 시절이 제 정서적 배경을 만들어준 가장 중요한 시기였다고 생각해요. 훈훈한 인심의 시골 동네 작은 학교에서는 전교생이 한 가족 같았어요. 도시의 아이들처럼 피아노나 태권도를 배우러 학원에 다니진 못했지만 계절마다 풍경이 바뀌는 들로 산으로 강으로 나가 뛰어놀았죠. 그런 경험들이 지금까지도 아주 소중한 기억으로 남아 있어요. 나무와 풀, 동물과 곤충에 대한 관심이 많아 마당 앞은 제가 심어 놓은 온갖 잡풀들로 가득했어요. 사용하지 않았던 사랑채는 제 실험실이라고 해서 온갖 잡동사니와 개구리 알, 쇠똥벌레 등으로 그득했고요. 사방 천지에 동식물이 널려 있어서 자연스럽게 호기심의 대상이 되었던 것 같아요. 학교

도서관에서 빌려온 과학 서적들에 나온 것들을 실제로도 보고 싶어 풀숲을 뒤진다거나 밤늦은 시간에 별자리를 찾아 헤매기도 했죠. 제 고향 영천은 보현산 천문대가 들어설 만큼 밤하늘이 맑고 아름다운 고장이거든요. 그렇게 자연에 둘러싸여 살다 6학년 2학기가 되었을 때 대구로 전학을 갔어요. 시골에서 학교를 다니면 좋은 대학에 갈 수 없다며 이미 형과 누나는 대구에 가 있던 상태였어요. 아버지께서는 본인처럼 흙 파먹고 살지 말라 하시며 저까지 도시로 떠나 보내셨죠.

편 중, 고등학교 시절에 대해 이야기해주세요.

조 앞서 얘기한 대로 초등학교 6학년 때 고향을 떠나 중, 고등학교는 대구에서 다녔는데, 시골과는 다른 도시의 메마른 환경에 적응하는 것이 처음엔 쉽지 않았어요. 부모님과 떨어져 지내다 보니 그리움 때문에 힘들기도 했고요. 당시는 영상 통화는커녕 전화도 자주 할 수 있는 상황이 아니었거든요. 부모님은 멀리 계신 데다 형제들도 공부에 대한 간섭을 하지 않아 공부만큼은 스스로 해야 했죠. 혼자 계획을 세우고 그 계획에 따라 열심히 또 꾸준히 공부했어요. 힘들게 농사일을 하며 자식들의 뒷바라지를 하시는 부모님들을 생각하며 학업에 매진했죠.

편 공부는 잘했나요?

조 시골 초등학교에 다닐 때 반에서 곧잘 1등을 하곤 했었는데요. 대구에서 공부를 하고 있던 형과 누나들은 그래봐야 도시로 나오면 중간도 못할 거라고 놀렸어요. 그런데 6학년 2학기에 대구로 전학을 가자마자 치른 수학경시대회에서 전교 1등을 해 형과 누나들의 콧대를 납작하게 만들어버렸죠. 얼마 후 초등학교를 졸업하고 중학교에 들어갔는데, 입학식 때 반 편성 배치고사에서 1등을 한 친구가 입학생 대표로 선서를 하더라고요. 수많은 전교생 앞에서 선서를 하는 모습이 부러워서 고등학교에 들어갈 때는 반드시 내가 선서를 하겠다고 다짐했죠. 당시 고시 공부를 하던 형을 따라 독서실에 다니기 시작했는데요. 고시생들 틈 속에 있다 보니 덩달아 열심히 공부하게 되었고, 덕분에 중학교에 들어가 처음 치른 중간고사에서 전교 1등을 했죠. 한번 전교 1등을 해보니 그게 당연히 제 자리인 것처럼 느껴졌어요. 그래서 다음 기말고사에서도 1등을 할 수 있을 거라 생각했는데, 다른 친구가 월등한 점수 차이로 1등을 하고 저는 2등으로 내려가자 너무 분하더라고요. 다시 이를 악물고 공부했죠. 저희를 위해 뙤약볕에서 힘들게 농사지으시는 부모님을 기쁘게 해드리고 싶어 오기로 공부했고, 그 뒤로 고등학교를 졸업할 때까지 1등을 놓쳐본 적이 없었어요. 서울대 의대에 들어온 친구들은 다 그런 줄 알았는데 그렇진 않더군요. 중학교 때는 공부를 잘하지 못했던 친구들도 많았어요. 얘길 들어보니 고등학교에 들어와서 갑자기 공부에 흥미와 자신감이 생겨 그때부터 열심히 했다고 하더라고요. 그러니 여러분 중에 지금 당장 성적이 좋지 않아 의사의 꿈을 접는 친구가 있다면, 일찍부터 포기할 필요는 없다고 얘기해주고 싶어요.

편 특별히 좋아했던 과목이 있었나요?

조 생물과 화학, 역사 과목을 좋아했어요. 생물과 화학은 학문 자체가 굉장히 재미있고 흥미로워 선생님의 말씀을 집중해서 들을 수밖에 없었는데, 그러다 보니 수업 시간에 모든 것을 이해하게 되어 따로 시험공부를 하지 않아도 될 정도였죠. 역사 과목은 선생님 덕분에 재미있게 공부했어요. 선생님께서는 교과서에 나온 대로만 가르치지 않으셨어요. 하나의 사건을 다룰 때면 그 시대 상황을 함께 전하면서 사건의 필연적인 배경과 그 사건으로 말미암아 발생한 이후의 일들을 인과적으로 설명해나가며 하나의 이야기로 풀어내셨죠. 아, 체육도 무척 좋아했어요. 한창 에너지가 넘칠 나이다 보니 힘차게 몸을 써가며 운동하는 것이 정말 좋았거든요. 체육 시간이 아니더라도 거의 매일 친구들과 모여 축구나 농구를 했던 기억도 나네요.

편 학창시절, 기억나는 사건이 있나요?

조 제가 학교를 다녔던 시절은 전교조 열풍이 휩쓸고 간 직후였어요. 제가 중학생일 때인 80년대 후반은 전교조가 창립된 시기였고, 고등학생일 때인 89년과 90년대 초반은 해직교사와 관련된 아픔이 있었던 시대였죠. 교사들뿐만 아니라 학생들 사이에서도 성적 위주의 학교 교육에 대한 반발과 민주화 교육에 대한 논쟁이 많았던 때였는데요. 저희 학교에서도 학생회장 입후보 자격에 성적 제한을 두었던 것 때문에 학생들 사이에 반감기류가 형성되었어요. 급기야는 학생들이 단체로 학교 운동장에 모여 수업을 거부하는 사태까지 가게 되었죠. 소수의 학생들만 교실에 남고, 대부분의 친구들이 운동장에 모여 시위를 했어요. 담임선생님이 가장 먼저 저에게 다가와 너까지 왜 이러냐며 어서 교실로 들어가라고 꾸지람을 하셨죠. 저희들 나름의 정당성을 가진 의사 표현이었기 때문에 들어가지 않겠다고 버텼고, 그러다 친구들 앞에서 뺨을 맞았어요. 무섭기도 했지만 한편으론 물러서지 않았던 제 자신이 대견하게 느껴지기도 했죠.

📭 어렸을 때 꿈은 뭐였나요?

📭 어릴 때 꿈은 군인이나 과학자였어요. 고등학교 3학년에 올라가기 전까지만 해도 기초과학을 전공해 생물학자나 유전공학자와 같은 과학자가 되고 싶었죠. 그러다 한의사 일을 하시는 친척 어르신의 권유로 의사라는 직업의 다양성에 대해 알게 되었고, 그 뒤로는 의사라는 꿈을 가지게 되었어요. 의과대학에 가서도 생물학이나 생화학과 같은 분야의 연구를 하는 의사가 될 수 있고, 연구직이 맞지 않다면 임상의사로 살 수 있으니 오히려 선택의 폭이 넓다며 권하신 것이죠. 그런데 의대에 다니다 보니 환자를 진료하는 것이 기초의학 학문을 공부하는 것보다 훨씬 재미있고 보람 있더라고요. 기초의학을 교육하고 연구하는 기초의사보다는 직접 환자를 진료하는 임상의사가 되고 싶어졌죠.

편. 꿈꾸던 것을 이루었다고 생각하세요?

조. 어릴 때 막연히 꿈꿨던 학자로서의 화려한 삶, 언론의 주목을 받고 유수한 학술상을 받는 명망 있는 학자가 되진 못했지만 임상의사가 되어 아픈 사람들을 위해 살고 싶다는 마지막 바람은 이뤘죠. 좋은 의사뿐만 아니라 좋은 아빠, 좋은 남편이 되고 싶은 마음도 있었는데, 그 목표를 따라 노력하는 제 모습을 보면 꿈에 근접해 가고 있지 않나 생각해요.

편. 학창시절 진로를 어떻게 결정하게 되었나요?

조. 앞서 얘기한 대로 고등학교 3학년 때 친척 어르신의 권유로 의과대학에 지원하게 되었어요. 의대를 졸업하고 인턴 과정을 마칠 무렵엔 여러 전공 중 처음엔 정신과에 지원했고요. 그 시절에는 막연하게 정신과의사가 멋있어 보였거든요. 그런데 동기들과의 경쟁에서 지는 바람에 우선 군복무를 마치기로 했어요. 공중보건의사로 지내면서 여러 과 중 나와 맞는 전공은 무엇인지 고심했죠. 그러다 안과에서 하는 미세 수술이 매우 흥미롭게 다가왔고, 첨단 의료 장비를 주로 사용하기 때문에 진단과 치료가 깔끔한 것도 매력 있게 느껴져 그쪽으로 방향을 바꾸게 되었어요. 당시 친했던 동기들이 안과에 많이 갔는데, 그 친구들에게서 안과의 좋은 점들을 듣게 된 것도 영향을 주었고요.

편 대학 졸업 후 바로 이 직업을 가졌나요?

조 의과대학 졸업과 동시에 의사국가고시를 봤어요. 시험에 합격해 의사 면허를 취득하였고, 대학병원의 인턴으로 첫 근무를 시작했죠.

편 어떤 과정을 거쳐 이 직업을 갖게 되었나요?

조 의과대학 혹은 의학전문대학원을 졸업한 후 의사국가고시에 합격하면 의사로 일할 수 있어요. 이런 의사를 일반의사라고 하지요. 하지만 대부분의 경우 1년간의 인턴 과정과 3~4년간의 레지던트 과정을 거쳐, 전문의 시험에 응시해요. 저 역시 의과대학을 졸업하고 인턴 수련 과정을 거쳤어요. 이후 여러 개의 과목 중 안과를 선택해 4년간의 레지던트 과정을 마치고 전문의 자격시험을 통과해 안과 전문의가 되었죠. 이후 2년간의 펠로우 과정을 밟아서 망막 세부 전문의로 일하고 있고요.

편 진로 선택 시 중요하게 생각한 것은 무엇인가요?

조 내가 잘할 수 있는 일인지, 내 적성과 맞아 재미있게 할 수 있는 흥미로운 분야인지, 사람들의 인정을 받는 의미 있는 직업인지가 이 진로를 선택할 때 가장 많이 고려한 요소였죠. 적성을 찾는 일은 매우 중요해요. 많은 사람들이 인정하고 우리 사회에 꼭 필요하다고 여겨지는 직업이라 해도 본인이 전혀 흥미를 느끼지 못한다면 평생 그 일을 해 나가는 게 너무 힘들지 않겠어요? 누구보다 열심히 공부해 의과대학의 좁은 문을 통과한 동기들 중에도 본인의 성향이나 적성과 맞지 않아 중간에 학업을 포기하거나 수련 중에 다른 전공을 택하는 경우가 종종 있었어요. 평생을 가야 하는 길이니만큼 직업을 선택하기 전에 본인의 성향이 어떤지, 내가 이 일에 적응할 수 있는 능력이나 소질이 있는지를 잘 파악해야 하겠죠.

편 직업관을 형성하는 데 도움을 준 책이나 영화가 있을까요?

조 〈닥터〉라는 영화가 있어요. 배우 윌리엄 허트가 주인공인 잭으로 나오는데요. 잭은 성공한 외과의사로 남의 살을 찢는 데에는 감정이입 따위는 필요치 않다며 환자들을 냉담하게 대하죠. 그러다 후두암에 걸려 환자의 입장에 서게 되는데, 그가 참을 수 없는 것은 병에 걸렸다는 불행보다 의사나 간호사의 불친절과 병원 측의 무신경함이었어요. 다른 사람의 입장이 되어서야 비로소 그들의 처지를 이해하게 되는 것이죠.

저도 의과대학을 다니고 수련의 생활을 하면서 수많은 환자들을 만나왔고, 그만큼의 아픈 사연들을 접하게 되었어요. 그때마다 감정에 매몰되지 않으려고 스스로를 다잡았지만 쉽지 않았죠. 영화나 드라마에 나오는 이야기보다 더 가슴 아픈 상황들이 실제로 저희 눈앞에 한없이 펼쳐져 있으니까요. 이렇게 지내다간 감정 과잉이 되거나 슬픔에서 헤어나지 못할 것 같아 환자들을 객관화하는 연습을 했어요. 감정이입도 자제하도록 스스로 훈련했고요. 다른 의사들은 어땠는지 모르겠지만 저는 그렇게 마음을 단단히 먹었죠. 돌이켜 생각해보면 제가 너무 감성적이었던 점이 오히려 저를 다소 냉정하게 만들지 않았나 싶어요. 이 영화를 보면서 의사는 환자의 입장이 되어볼 수 있어야 한다고 생각했어요. 그러는 한편 너무 감정에 파묻혀도 안 되겠다고 느꼈고요. 그 균형을 맞추는 게 중요하겠죠.

에릭 시걸의 『닥터스』라는 책에서도 많은 영향을 받았어요. 『닥터스』는 하버드 의과대학생들이 여러 일들을 겪으며 의사로 우뚝 서 나가는 이야기인데요. 아, 나도 앞으로 이렇게 살아가겠구나 하며 벅찬 마음으로 읽을 수 있었죠. 의과대학에 합격해 입학등록을 하러 대구에서 서울로 올라가는 기차 안에서 이 책을 읽었거든요. 의대생의 삶이란 이런 것이구나 하고 느끼는 한편 그들의 치열한 일상을 들여다보며 제 미래의 모습을 그려보기도 했어요. 건너편에 제 또래로 보이는 학생도 이 책을 읽고 있었는데, 나는 진짜로 의대에 합격해서 이 주인공들처럼 살아갈 거라며 마음속으로 으스대기도 했고요. 그런데 나중에 학교 기숙사에서 그 학생을 만났죠. 우스운 건 그 친구도 기차에서 같은 책을 읽고 있던 저를 보며 저와 똑같은 생각을 했다는 거예요.^^ 그 이야기를 하면서 둘이 한참을 웃었던 기억이 나네요.

테드 알렌과 시드니 고든이 쓴 『닥터 노먼 베쑨』이란 책도 소개하고 싶네요. 의과대학 선배가 권한 책인데, 실제 의사였던 노먼 베쑨의 일대기를 그린 작품이죠. 노먼은 결핵의 수술적 치료법을 개발하는 등 의학 발전에 큰 기여를 한 탁월한 흉부외과의사이자 전시분야 의료의 개척자이기도 했어요.

단순한 의사로서의 삶뿐만 아니라 사회를 치유하고 시대의 아픔을 보듬는 의사의 삶을 보여주어 의사란 직업에 대해 고찰해볼 계기를 만들어 주었죠.

서울아산병원 전공의들은 수련 중에 휴먼 스킬이라는 1박 2일짜리 교육을 받게 돼요. 의사 혹은 동료로서의 자신을 돌아보는 프로그램이죠. 한 3년 정도 그 프로그램에서 의사와 환자의 관계에 대한 교육을 한 적이 있는데요. 강의를 준비하면서 『잃어버린 치유의 본질에 대하여』란 책을 읽게 되었어요. 노벨평화상 수상자이면서 저명한 심장내과의사이기도 한 버나드 라운 박사가 쓴 책으로, 의사가 환자를 대하는 태도와 의사를 바라보는 환자의 심리에 대한 세세한 사례와 통찰력 있는 고찰이 녹아들어 있죠. 40년 넘게 현장에서 수많은 환자들을 진료하며, 환자를 치유하는 데 있어 가장 중요한 것은 환자의 증상 뒤에 숨은 한 인간을 이해하는 것임을 몸소 체험하고, 현대의학의 중심에 다시 인간을 놓기 위해 평생을 노력해온 저자의 철학이 오롯이 담겨있는 책이에요. 의사가 되려는 사람은 반드시 읽어봐야 할 필독서라고 생각해요. 이 책을 통해 환자라는 잊힌 존재에 대해 생각하고 현대의학에서 그들의 자리는 어디인지 고민해봤으면 해요.

편 이 분야의 전문가가 되기까지 얼마나 걸리신 건가요?

조 예과 때 너무 노는 바람에 6년제 의과대학을 7년 만에 졸업하고, 1년간의 인턴 과정을 거친 후 공중보건의사로 3년을 보냈죠. 이후 레지던트에 지원했는데 첫해에 떨어져서 1년을 재수했고, 다음 해에 합격해 안과 레지던트 4년 과정과 펠로우 2년 과정을 마쳤어요. 안과의사로 산지 15년째가 되어가지만, 아직도 더 공부하고 배워야 할 게 많이 남아있어요. 학문과 의술은 해마다 엄청나게 발전하고 있으니까요.

편 선생님이 가장 존경하는 의사는 누구예요?

조 서울대학교 신장내과 교실 안규리 교수님은 평생을 환자 진료와 연구, 봉사활동에 매진하신 분이세요. 앞서 말씀드린 김전 교수님과 함께 이주 노동자 진료를 위한 라파엘클리닉 설립과 확장에 엄청난 기여를 하셨죠. 라파엘클리닉은 교수님의 헌신 덕에 의료 사각지대에 놓인 이주 노동자나 다문화 가정을 위한 의료 나눔 단체로 우뚝 설 수 있게 되었어요. 교수님의 그런 행보를 늘 존경스럽게 생각했어요. 안규리 교수님은 검소한 옷차림과 소박한 생활로도 유명하세요. 언제든 찾아뵈면 늘 따뜻하게 반겨주시는 인자한 성품을 지니셨고요. 그렇지만 의과대학 수업 시간에는 굉장히 무서운 선생님이셨어요. 준비를 해오지 않아 발표를 제대로 하지 못하는 학생, 공부를 게을리하는 학생들에겐 호되게 꾸지람을 하셨거든요. 다소 엄격하게 학생들을 지도하셨지만, 돌아서서는 토닥이고 다독여주며 격려해주셨어요. 학생들이 나태해질 때마다 더 열심히 공부할 수 있도록 의욕을 북돋아주신 고마운 분이시죠.

앞서 잠깐 소개한 곳인데, 세상이 아프면 의사도 아파야 한다는 신념으로 모든 사람이 평등하게 의료 혜택을 받을 수 있도록 30여 년간 활동해온 인도주의실천의사협의회라는 곳이 있어요. 이곳에 속한 의사들은 갈 곳 없는 노숙인이나, 쪽 방촌 사람들, 차가운 아스팔트와 철탑 위의 농성자, 차별받는 이주 노동자 등 의료 소외계층을 위해 따뜻한 의술을 펼치고 있죠. 세상의 아픔을 보듬겠다는 소명 하나로 아프고 병든 사람들의 상처를 돌보고 그들과 함께 걸어가는 분들을 보면 늘 감동스럽고 존경스러워요. 그런 분들이 있어 참 든든하고요.

편 현재 삶에 만족하시나요?

조 해야 할 공부도 해야 할 일도 많아서 몸이 고되고 힘들었던 의과대학과 인턴 시절에도 이 길로 들어선 걸 후회하지는 않았어요. 레지던트가 되기 전 공중보건의사로 지내던 때에는 한결 여유로워진 시간 덕분에 한가롭고 행복하게 일할 수 있었고요. 경기도 양평에서 아내와 함께 3년을 보냈는데, 의사로서 환자들을 돌보는 동시에 지역주민의 한 사람으로서 동네분들과 허물없이 어울렸죠. 주민들의 편의를 위해 이동진료소나 찾아가는 왕진 서비스 등을 시행해 경기도교육감 표창과 양평군수 표창을 받기도 했어요. 공중보건의사로 군 복무를 마치고 레지던트 과정을 무사히 끝낸 후 원하던 안과 전문의가 되었네요. 그리고 이제 전문가로서 환자들을 상담

하고 수술을 통해 그분들에게 좋은 결과를 안겨드릴 수 있으니 흡족하지 않을 수 없죠.

편 의사가 되고 나서 첫 출근했던 날 기억나세요? 가운을 입고 진료실에 들어갈 때 어떤 생각이 들었는지 궁금해요.

조 졸업식을 마치고 며칠 후 황망한 기분으로 첫 출근을 했던 기억이 나네요. 그날 마취과 인턴으로 첫 근무를 시작했는데, 어이없는 실수를 하거나 혹시라도 사고를 칠까 봐 조마조마했죠. 게다가 그전에 가운을 입고 실습을 할 때는 마치 의사가 된 것처럼 으쓱했었는데, 진짜 의사가 되어 출근을 하고 보니 너무나도 아는 게 없다는 자각이 들었어요. 첫날의 설렘보다는 나 때문에 환자의 상태가 더 악화되지는 않을까 하는 마음에 주눅이 들어있던 하루였죠.

편 자녀가 있다면 권할 만한 직업인가요?

조 전문의가 되기 위해선 매우 오랜 시간을 공부하고 연구하고 환자들을 진료해야 하죠. 대부분의 의사들이 그렇겠지만 저 역시 인턴이나 레지던트 시절을 힘들게 보냈어요. 환자들을 진료할 때에는 다소 스트레스를 받기도 했고요. 그런 점을

생각하면 내 아이는 좀 더 여유롭고 덜 힘든 일을 했으면 하는 바람이 있죠. 그렇지만 아이가 열정적이고 타인의 고통을 함께 감내하면서 살고 싶어 하는데, 그런 역량까지 충분하다면 말릴 이유가 전혀 없겠지요.

편 그밖에 관심을 가지고 활동하는 분야나 최근에 새롭게 도전하는 분야가 있나요?

조 인도주의실천의사협의회 회원으로 있으면서 촛불집회 의료지원단으로 잠깐 봉사활동을 하기도 했고, 백남기 농민에

대한 국민의 관심을 높이기 위해 글을 쓰기도 했어요. 저뿐만 아니라 의대 동기나 선후배들의 연명을 받아 성명서에 그들의 자랑스러운 이름을 올리기도 했죠. 현재 많은 시간을 할애해 활동을 하지는 못하지만 앞으로는 이와 같은 사회참여를 적극적으로 하려고 해요. 사회가 아프면 의사도 아파야 한다는 인도주의실천의사협의회의 신념처럼 환자와 소외받는 계층을 돕는 것뿐만 아니라 그들을 더 아프게 만드는 사회구조의 개선에도 보탬이 되는 삶을 살아보고 싶거든요. 청년의사신문 주관의 한미수필문학상 대상 수상을 계기로 한국산문을 통해 수필가라는 새로운 직함도 얻었는데요. 개원을 하면서는 시간적인 여유가 별로 없다 보니 수필가로서 글을 많이 쓰진 못하고 있죠. 앞으로는 꾸준히 글을 내서 많은 사람들과 글로도 소통하고 싶다는 바람이 있어요. 따뜻한 글 혹은 남들이 어떻게 생각하든 제가 쓰면서 너무 재미있는 글을 좀 써보고 싶네요. 그분들이 제 글을 통해 가슴이 따뜻해지는 기적을 경험한다면 더없이 좋겠고요.

편 안과의사로서 앞으로 어떤 목표를 갖고 계시나요?

조 저희 병원을 대한민국 최고까지는 아니더라도 강원도 영동 지역에서만큼은 가장 좋은 안과병원으로 만드는 것이 제 목표예요. 이 지역에 살고 있는 환자들이 힘들게 수도권 소재의 종합병원까지 가지 않아도 그보다 나은 수준의 진료를 받을 수 있도록 하고 싶어요.

편 마지막으로 안과의사를 꿈꾸는 청소년들에게 하고 싶은 말이 있나요?

조 시류만 따라가며 살다 보면 반드시 후회를 하는 때가 올 거라 믿어요. 일상을 살면서는 흐름을 타는 것도 필요하지만 직업에 있어서는 자신이 잘할 수 있는 일, 자신이 흥미로워하는 직종을 찾아 선택하는 것이 가장 중요하다고 생각하죠. 재미있어서 하는 자는 아무도 따라올 수가 없다고들 하잖아요. 이 책을 읽는 여러분들도 즐겁게 잘할 수 있는 일을 찾았으면 해요. 아무리 돈을 많이 벌어다 주고 사람들의 부러움을 받는 직업이라 해도 일하는 내가 고통스러우면 그보다 더 끔찍한 것은 없거든요.

　더불어 모든 가능성을 열어 두고 열린 생각으로 살아가길 바라요. 우리는 열정을 가지고 끝까지 노력하면 무엇이든 될 수 있고, 무엇이든 할 수 있어요. 우리 삶을 옥죄는 것 중 하나는 스스로가 만든 한계이죠. 최대한 많은 가능성을 열어두기 위해서는, 다시 말해 여러 선택지에 스스로를 놓아두기 위해서는, 바로 지금부터 준비해야 해요. 그 준비 과정에 제 글이 작은 도움이 되었으면 하네요. 안과의사라는 꿈을 꾸며 이 책을 펼쳐든 당신을 응원할게요. 파이팅!︿︿

청소년들의 진로와 직업 탐색을 위한
잡프러포즈 시리즈 29

세상을 연결하는 창
안과의사+

2020년 2월 10일 | 초판1쇄
2022년 12월 1일 | 초판3쇄

지은이 | 조수근
펴낸이 | 유윤선
펴낸곳 | 토크쇼

편집인 | 박가영
디자인 | 김경희
마케팅 | 김민영

출판등록 2016년 7월 21일 제2019-000113호
주소 | 서울시 서초구 나루터로 69, 107호
전화 | 070-4200-0327
팩스 | 070-7966-9327
전자우편 | myys327@gmail.com
블로그 | http://blog.naver.com/talkshowpub
ISBN | 979-11-88091-70-6 (43190)
정가 | 15,000원